영국의
여왕과 공주

Cha Tea 홍차 교실 지음 | 김효진 옮김

Table Of Contents

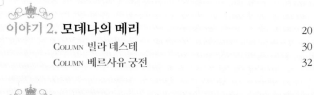

Queen Mary II,
English Victorian Engraving, 1887

Queen Catherine of Braganza

Caroline of
Brandenburg-Ansbach

Engraving from Harper's New Monthly
Magazine Volume LXL. June to November
1880: Formal portrait of Queen Charlotte,
(1744-1818) queen consort of George III.

Victoria R

A portrait of the young Queen
Victoria who succeeded to the
throne in 1837, aged 18.

H.R.H. THE PRINCESS OF WALES.

The future Queen Alexandra as
Princess of Wales

서장

왕비나 공주는 예나 지금이나 사람들의 이목을 끌 수밖에 없는 운명이다. 어느 나라, 어떤 가문 출신인지? 지참금은 얼마? 성격은? 왕과의 금실은? 패션 감각은? 애용하는 브랜드는? 친한 친구는? 자녀는 몇 명? 교육 방침은? 사람들의 흥미는 끝이 없다.

2022년 세상을 떠난 엘리자베스 2세(1926~2022)의 인생도 파란만장, 드라마틱했다. 여왕은 개인사 이상으로 가족 문제에 휘둘린 생애를 살았다. 갑작스러운 큰아버지의 퇴위, 아버지의 즉위, 여동생의 결혼 문제, 세 자녀들의 이혼, 손자의 왕실 이탈…. 잇따른 곤경에도 공식 식상에 선 여왕은 늘 미소 짓는 얼굴로 유머를 잃지 않는 넓은 도량을 보여주었다. 그런 여왕의 활력이자 마음의 위안이 된 것은 애견을 돌보고 차를 마시는 일상이었다고 한다. 공무가 있는 날에도 여왕은 매일 오후 5시가 되면 좋아하는 케이크와 홍차를 곁들인 잠깐의 휴식을 즐겼다. 기쁠 때나 슬플 때나 차(茶)가 빠지지 않았다. 그것은 영국인의 정체성을 지켜주는 버팀목일지 모른다.

지금은 일상생활에서 빠지지 않는 차가 영국에 수입된 것은 17세기였다. 차 수입으로 영국에 크나큰 공헌을 한 영국 동인도회사는 1600년 튜더 왕조의 마지막 군주 엘리자베스 1세(1533~1603)의 특허장을 받아 정식으로 국가의 인가를 받은 조직으로 설립되었다. 그 후 영국 동인도회사는 동양 무역을 둘러싸고 1602년 설립된 네덜란드 동인도회사와 경쟁하게 된다.

1610년 네덜란드 동인도회사는 동양의 신비한 약으로 추앙받던 차 수입을 실현했다. 안타깝게도 엘리자베스 1세는 차를 마셔보지 못하고 1603년 세상을 떠났다.

엘리자베스 1세가 후계자로 지명한 스코틀랜드의 왕 제임스 6세(1566~1625)는 1603년 잉글랜드·아일랜드의 왕 제임스 1세로 즉위했다. 제임스 1세는 '왕권신수설'의 기초를 닦았지만 국왕과 보석을 좋아한 왕비 덴마크의 앤(1574~1619)의 낭비로 국가 재정이 어려워지면서 결국 의회와 대립하게 된다. 왕과 왕비는 3남 4녀를 두었으나 장성한 것은 1남 1녀뿐이었다. 장남 헨리는 국민들에게 인기가 있었지만 열여덟 살에 일찍 세상을 떠나면서 차남인 찰스 1세(1600~49)가 왕위를 이었다. 장녀인 엘리자베스(1596~1662)는 팔츠 선제후 프리드리히 5세(1596~1632)와 결혼해 그 손자가 하노버 왕조의 초대 국왕 조지 1세(1660~1727)로 군림하게 된다. 덴마크의 앤의 혈통이 지금도 영국 왕실에 계승되고 있는 것이다.

찰스 1세는 프랑스의 공주 헨리에타 마리아(1609~69)를 아내로 맞았다. 가톨릭 신자였던 헨리에타는 영국 국교회가 집전하는 대관식을 거부했기 때문에 국민에게 인기가 없었다. 1642년부터 시작된 청교도혁명으로 상황이 위태로워진 국왕 부부는 별거 생활을 할 수밖에 없었다. 급기야 내전이 최고조에 이른 1644년 헨리에타는 친정인 프랑스로 망명했다.

1649년, 찰스 1세가 처형되면서 생활이 어려워진 그녀는 자신이 세운 수도원에서 지내게 되었다. 영국에서는 1650년대에 커피하우스라고 불리는 사교장에서 차가 제공되었으나 안타깝게도 헨리에타는 그것을 알지 못했다. 하지만 동시대에 조카인 루이 14세(1638~1715)가 차를 약용으로 마셨다는 기록이 있는 만큼 큰어머니인 그녀가 차를 마셨을 가능성도 부정할 수 없다.

1660년의 왕정복고로 장남이 국왕 찰스 2세(1630~85)로 즉위하자 헨리에타도 함께 영국으로 돌아왔다. 찰스 2세의 아내이자 같은 가톨릭 신자인 브라간사의 캐서린(1638~1705)으로서는 의지가 되는 시어머니였지만 헨리에타는 1665년 요양을 위해 다시 파리로 돌아간 지 4년 만에 세상을 떠나게 된다. 왕위는 장남 찰스 2세에서 차남인 제임스 2세(1632~1701)가 이어받고, 그 후 세 명의 손자에게 계승되었다.

이 책은 영국 왕실에 차 문화를 정착시킨 브라간사의 캐서린 이후의 여왕과 왕비 22명의 인생을 이야기로 엮어냈다. 왕의 총애를 받은 왕비가 있는가 하면, 왕을 증오한 왕비도 있었다. 오늘날 영국 왕실의 초석을 쌓은 여성들의 스물두 가지 이야기를 소개한다.

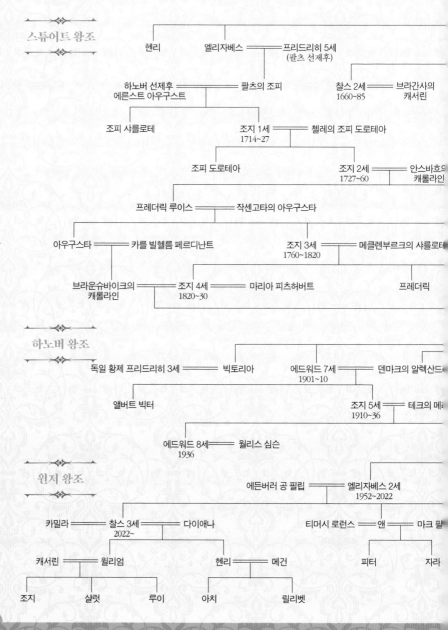

스튜어트 왕조

헨리　　엘리자베스 ══ 프리드리히 5세
(팔츠 선제후)

하노버 선제후 ══ 팔츠의 조피　　　　찰스 2세 ══ 브라간사의
에른스트 아우구스트　　　　　　　　　1660~85　　　캐서린

조피 샤를로테　　　　조지 1세 ══ 첼레의 조피 도로테아
　　　　　　　　　　1714~27

조피 도로테아　　　　조지 2세 ══ 안스바흐의
　　　　　　　　　　1727~60　　　캐롤라인

프레더릭 루이스 ══ 작센고타의 아우구스타

아우구스타 ══ 카를 빌헬름 페르디난트　　조지 3세 ══ 메클렌부르크의 샤를로테
　　　　　　　　　　　　　　　　　　　1760~1820

브라운슈바이크의 ══ 조지 4세 ══ 마리아 피츠허버트　　프레더릭
캐롤라인　　　　　　1820~30

하노버 왕조

독일 황제 프리드리히 3세 ══ 빅토리아　　에드워드 7세 ══ 덴마크의 알렉산드
　　　　　　　　　　　　　　　　　　　1901~10

앨버트 빅터　　　　　　　　　　　　　조지 5세 ══ 테크의 메
　　　　　　　　　　　　　　　　　　1910~36

에드워드 8세 ══ 월리스 심슨
1936

윈저 왕조

에든버러 공 필립 ══ 엘리자베스 2세
　　　　　　　　　1952~2022

카밀라 ══ 찰스 3세 ══ 다이애나　　티머시 로런스 ══ 앤 ══ 마크 필
　　　　2022~

캐서린 ══ 윌리엄　　　헨리 ══ 메건　　　피터　　　자라

조지　　　샬럿　　　루이　　　아치　　　릴리벳

8

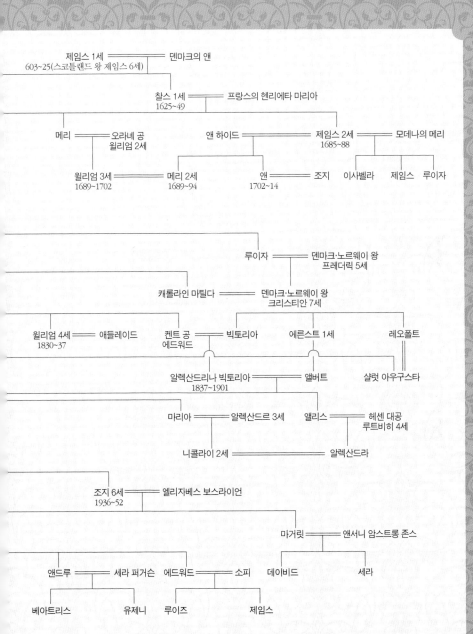

이야기 1

브라간사의 캐서린
Catherine of Braganza

1638~1705

영국에 가져온 두 가지 선물

1662년 11월 25일, 윈저 궁전에서 열린 새 왕비 브라간사의 캐서린(Catherine of Braganza, 1638~1705)의 생일 축하연에서 궁정 시인 에드먼드 월러(1606~87)는 왕비가 영국에 가져온 두 가지 선물을 상찬했다. 그 선물은 차와 차 생산지를 잇는 항로였다.

'차에 대하여'

비너스가 몸에 걸친 은매화

아폴로가 머리에 두른 월계수

그 어떤 것보다 나은 차를

폐하께서는 공손히 예찬하셨다

최고의 왕비 그리고 최고의 나뭇잎

그것은 나날이 아름다운 땅으로 이끌어준

용감한 나라 덕분이었다
우리는 그 땅에서 얻은 풍요로운 음료를
찬양해 마지않는다
차는 시신(詩神)의 벗
우리를 치유하는 최고의 음료
머릿속을 헤집는 망상을 잠재우고
영혼의 궁전을 평온하게 만들며
왕비의 생일을 축하하기에
걸맞은 음료

캐서린은 제8대 브라간사 공작 주앙(1604~56)의 차녀로 태어났다. 리스본의 수도원에서 경건한 가톨릭 신자로서 교육받은 그녀가 결혼 전 수도원 밖으로 나간 경험은 양손에 꼽을 정도였다. 아버지는 1640년 포르투갈의 국왕 주앙 4세로 즉위해 스페인으로부터의 독립을 선언한다. 그리하여 스페인과의 전쟁이 시작되었다. 그가 의지한 것은 영국과의 동맹이었다. 동맹의 대가로, 왕은 캐서린을 영국의 찰스 왕세자와 결혼시키기로 약속했다. 하지만 영국의 청교도혁명으로 결혼이 좌절되고, 1660년 왕정복고로 찰스가 영국으로 귀환하면서 마침내 결혼이 성사된다. 1661년 캐서린의 신앙의 자유를 보장한다는 내용이 포함된 '결혼조약'이 맺어졌다. 부왕은 이미 세상을 떠나 남동생이 왕위를 계승했고, 어머니는 섭정을 맡고 있었다.

포르투갈의 신트라 왕궁에는 목에 왕관을 두른 27마리의 백조가

찰스 2세와 캐서린 왕비의 피로연 무도회. (1822년판)

그려진 '백조의 방'이라는 아름다운 방이 있다. 백조는 한번 짝을 만나면 평생 상대를 바꾸지 않는다. 일가는 이 방에 캐서린과 찰스 2세의 초상화를 걸어두고 결혼 생활의 안녕을 기원했다.

1662년 5월, 캐서린은 영국 포츠머스에 상륙했다. 포르투갈에서부터 폭풍우를 뚫고 온 긴 배 여행에 지친 캐서린은 배에서 내리자

마자 멀미를 가라앉히기 위해 차를 요청했다. 그러나 준비된 것은 한 잔의 에일이었다. 당시 영국 궁정에는 차를 마시는 관습이 없었던 것이다. 결혼식이 거행된 포츠머스 대성당에는 두 사람의 결혼 증명서와 포르투갈에서 교회에 선물한 탕헤르제 은식기가 보존되어 있다.

신앙의 자유를 약속받기는 했지만 종교상의 이유로 대관식을 거부한 새 왕비는 국민의 지지를 얻기 어려웠다. 그럼에도 결혼 이듬해 첫아이를 갖게 되자 국민들은 크게 기뻐했다. 불행히도 아이는 유산되고 말았다. 그 후로도 왕비는 총 네 번의 임신을 하지만 안타깝게도 왕위를 이을 자녀를 낳지 못했다. 많은 귀족들이 찰스 2세에게 이혼을 권유했지만 국왕은 늘 왕비를 옹호했다. 하지만 '쾌활한 군주 (Merry Monarch)'로 불리던 왕은 평생 13명의 정부와의 사이에서 14명의 자녀를 두었다.

왕은 이전 왕들과 마찬가지로, 사신의 정부를 왕비의 침실 여관 (女官)으로 임명했다. 침실 여관은 궁정 부인들 중에서는 가장 높은 지위이다. 신혼 초기에는 그런 왕의 처사에 당혹감을 감추지 못했던 캐서린도 남편이 왕비로서의 그녀의 존엄을 지켜주었기 때문에 수많은 정부의 존재를 받아들일 수밖에 없었다.

찰스 2세비 브라간사의 캐서린. (피터 렐리, 1838년판)

왕비의 차 모임

캐서린은 지참금으로 은 30만 스털링과 배 3척에 가득 실은 차와 설탕 그리고 향신료를 영국에 가져왔다. 또 인도의 봄베이(지금의 뭄바이), 북아프리카 탕헤르의 양도권도 큰 선물이었다. 봄베이는 왕비가 결혼한 후 영국 동인도회사가 연간 10파운드에 임대하면서 차 무역의 중요한 거점이 되었다.

1664년, 인도네시아 반탐에서 귀항한 영국 동인도회사는 은으로 만든 상자에 담은 시나몬 오일과 양질의 녹차를 왕실에 헌상했다. 찰스 2세는 그 일부를 캐서린에게 주었다. 이후 차는 수입품 목록에 반드시 실리게 되었다고 한다.

왕비는 자신의 침실 또는 침실 옆에 딸린 사적인 공간인 밀실(closet)에서 차 모임을 열었다. 밀실에는 동양에서 수입한 찻장을 배치하고 중국과 일본의 자기를 장식해 차 모임의 풍취를 더했다. 차 모임에는 남편의 정부도 참석했다고 한다.

자극이 강한 차를 마시고 위가 상하지 않도록 차를 마시기 전에 버터를 바른 빵을 먹는다거나 차에 설탕 또는 사프란을 넣어 마시는 호사스러운 방식도 새롭게 유행했다. 차 모임에는 포르투갈에서 주문한 오렌지 마멀레이드가 등장하기도 했다. 영국 궁정에 차를 유행시킨 캐서린은 '영국 최초의 차를 마시는 여왕(The First British Tea-Drinking Queen)'으로 칭송받았다. 캐서린의 우아하고 아름다운 차 모임은 지금도 구전되고 있다.

1685년, 찰스 2세가 세상을 떠났다. 왕이 죽기 전에 자신이 가톨릭 신자라는 사실을 고백했다는 말이 있다. 진위는 알 수 없지만 영국 왕의 그런 발언이 인정될 리 없었다. 그의 장례는 영국 국교회의 의식에 따라 치러졌다. 오랜 세월 함께한 가톨릭 신자인 왕비와 일찍이 가톨릭 신앙을 공언한 동생에 대한 배려였는지도 모른다. 왕위는 동생 제임스 2세(1633~1701)에게 계승되었다. 하지만 1688~89년의 명예혁명으로 제임스 2세가 왕위에서 쫓겨나고, 찰스 2세의 조카인 기독교도 윌리엄 3세(1650~1702)와 메리 2세(1662~94)의 공동 통치가 시작되자 전 왕비를 둘러싼 환경은 악화되었다.

1693년, 캐서린은 고향으로 귀국했다. 어머니와 큰남동생은 이미 세상을 떠난 후로, 열 살 어린 작은남동생 페드로 2세(1648~1706)가 치세하고 있었다. 31년의 긴 여행이었다. 사흘에 걸친 귀국 축하연에서 왕은 타국에서 고생한 누나를 위로하며 섭정의 직위를 맡겼다.

1705년, 캐서린은 67세를 일기로 영면했다. 유해는 상 비센트 드 포라 수도원에 있는 브라간사 가문의 영묘에 안치되었다. 세상을 떠나기 전까지 살았던 벰포스타 궁전 앞에는 소녀 시절의 캐서린 동상이 세워져 있다. 그녀의 손에는 가톨릭 신자임을 나타내는 십자가가 쥐어져 있다. 그녀의 깊은 신앙심은 지금도 포르투갈인들의 자랑으로 여겨진다.

블루&화이트 티 볼

　동양의 차를 마실 때 사용된 작은 찻종과 받침으로 이루어진 구성은 '티 볼(tea bowl)'이라는 애칭으로 알려져 있다. 브라간사의 캐서린은 영국으로 시집올 때 차와 함께 차를 즐길 다기도 함께 가져왔다. 블루&화이트 색상의 아름다운 동양풍 다기는 사람들을 매료시켰다. 다기에는 주로 산수화가 그려져 있었다. 이국의 풍경은 차 모임에 이국적인 정취를 더했다.

　17세기, 영국에서 유통된 차는 대부분 중국 녹차였다. 작은 주전자에 찻잎을 넣고 뜨거운 물을 붓는다. 주전자에서 피어오르는 향기롭고 신선한 향. 차를 따르면 블루&화이트 다기의 색상이 더욱 생생해진다. 다기를 감상하며 차를 마신 후 차에 곁들이는 설탕을 입에 넣는다. 주변 사람들에게 기쁨을 주는 것을 좋아했던 캐서린 왕비는 친해진 귀족들에게 포르투갈에서 주문한 다기를 선물하기도 했다고 한다.

❋ 티 볼은 지금의 찻종보다 크기가 약간 작다.

✿ 호색가였던 찰스 2세. 정부들의 초상화도 함께 걸려 있다. 왼쪽 아래가 캐서린 왕비.

내셔널 포트레이트 갤러리

내셔널 포트레이트 갤러리는 런던의 중심지 트래펄가 광장 옆에 위치한 내셔널 갤러리 별관에 있는 초상화 전문 미술관이다. 영국의 역사와 문화에 영향을 미친 인물들의 초상화, 조각, 사진, 일러스트 등 모든 형태의 초상화를 15만 점 이상 수장하고 있으며, 그중 1,000~1,500점 이상이 전시되어 있다. 각각의 인물들이 세운 공적을 치하하는 동시에 그들에 대한 견문을 넓히는 목적으로 전시되고 있다.

소장하고 있는 초상화 대부분은 왕후, 귀족이다. 그중에서도 영국 왕실 인사들의 초상화는 눈여겨볼 만하다. 브라간사의 캐서린의 초상화는 찰스 2세의 초상화와 함께 전시되어 있다. 주변에는 왕의 정부들의 초상화도 여럿 전시되어 있다. 그녀가 살았던 궁정의 인간상이 드러나 보이는 듯하다.

이야기 2
모데나의 메리
Mary of Modena
1658~1718

파란만장한 운명의 서막

1688년 12월 10일 폭풍우가 치던 밤, 모데나의 메리(Mary of Modena, 1658~1718)는 생후 6개월의 어린 왕자 제임스 프랜시스 에드워드(1688~1766)를 데리고 런던을 탈출해 작은 배에 올랐다. 루이 14세에 의탁해 프랑스로 망명하기 위해 한겨울의 추위를 견디며 바다를 건넜다. 남편의 안위가 걱정이었다. 약속대로 뒤따라올 수 있을까. 불안이 사그라지지 않았다. 어쩌다 이런 지경이 된 것일까?

운명의 날로부터 30년 전으로 거슬러 올라간 1658년 10월 5일, 메리는 모데나 레조 공국의 공작 지위를 계승한 알폰소 4세 데스테(1634~62)의 장녀로 태어났다. 2년 후에는 후계자인 남동생도 태어나면서 공국은 축복의 분위기로 들끓었다. 하지만 기쁨도 잠시, 1662년 알폰소 4세가 갑작스럽게 세상을 떠났다. 프랑스 마자랭 재

MARIE ELEONOR D'ESTE
Epouse de Jacques II Roy de la Grande
Bretagne

모데나의 메리, 스물아홉 살 때의 초상화. (A. van der Werff, 1730년판)

상(1602~61)의 조카인 어머니는 어린 아들 대신 섭정을 맡아 나라를 다스리게 되었다. 메리는 가톨릭 수도원의 수녀가 되려고 했지만 남동생과 공국을 위해 도움이 될 나라에 시집가기로 결심한다.

영국의 왕위 계승 순위 1위였던 요크 공작 제임스와의 결혼이 결정된 것은 열네 살 때였다. 1668~69년경 가톨릭으로 개종한 제임스는 재혼 상대로 가톨릭 신자를 찾고 있었다. 1673년 10월, 영국으로 출발한 그녀는 중간에 파리에 들러 루이 14세를 알현했다. 어릴 때 메리의 어머니와 친했던 국왕은 그녀의 결혼을 축하했다. 11월 후반, 메리는 도버에 상륙해 신랑과 대면했다. 각오는 했지만 열다섯 살의 메리로서는 마흔 살인 제임스와의 결혼을 받아들이기 힘들었다. 메리의 뺨을 타고 눈물이 흘러내렸다.

영국에서는 가톨릭 신자의 공직 취임을 배제하는 '심사법'이 성립된 직후였기 때문에 메리의 결혼은 국민과 의회로부터 환영받지 못했다. 이듬해 봄, 메리는 첫아이를 유산했다. 그다음 해 태어난 딸은 1년도 채 안 돼 세상을 떠나고, 다시 아이를 가졌지만 사산되고 말았다. 1676년 여름, 딸 이사벨라(1676~81)를 낳았지만 이듬해 태어난 장남은 생후 한 달 만에 세상을 떠났다. 이후로도 유산과 사산이 거듭되어 끝내 자녀를 얻지 못했다.

메리는 제임스의 전처의 딸인 메리(1662~94), 앤(1665~1714)과도 가까워지고자 노력했다. 의붓딸 메리는 나이 차이도 크지 않은 데다 그녀 역시 네덜란드로 시집을 가게 된 처지어서 금방 가까워졌다. 하지만 일곱 살 어린 앤과는 좀처럼 친해지지 못했다.

1678년, 네덜란드로 시집간 의붓딸 메리가 두 번의 유산을 경험했다는 소식이 전해졌다. 노심초사하던 메리는 의붓딸을 병문안하기 위해 앤을 데리고 네덜란드의 헤이그로 갔다. 이때 네덜란드 궁정에서 유행하던 '차를 찻잔 받침에 따라 마시는' 관습도 경험한다.

귀국 후, 남편이 형인 찰스 2세를 암살하고 왕위를 찬탈하려 했다는 '가톨릭 음모설'이 퍼지면서 제임스와 메리는 국왕으로부터 소동이 진정될 때까지 영국을 떠나 있으라는 지시를 받는다. 부부는 의붓딸 메리가 있는 네덜란드로 건너가 그 이후 브뤼셀에 머물렀다.

1680년, 남편이 국왕의 대리로 스코틀랜드를 통치하게 되면서 에든버러의 홀리루드 궁전으로 가게 된다. 하지만 외동딸 이사벨라는 가톨릭교도의 모반을 견제하기 위한 인질로 런던에 남겨졌다. 대신 앤이 함께 갔다. 아직 차 문화가 정착하지 않은 스코틀랜드의 궁정에서 메리의 차 모임은 사람들을 매료시켰다. 스코틀랜드에서는 기분전환도 할 수 있었다. 좋아하던 승마를 즐기고 겨울에는 눈싸움도 했다. 메리의 뛰어난 승마 기술에 감격한 남편은 말을 탄 그녀의 초상화를 그리게 해서 자신의 집무실에 걸었다.

1681년 초, 런던에서는 남편 제임스의 왕위 계승권 박탈에 대한 법안이 논의되었다. 찰스 2세는 필사적으로 동생을 감쌌다. 그러던 중, 런던에 두고 온 딸 이사벨라가 돌연 병으로 세상을 떠났다. 이듬해 런던으로 돌아올 수 있게 되었지만 딸을 잃은 슬픔은 사시지 않았다.

1685년 2월 6일, 찰스 2세가 붕어했다. 혼외자 아들이 있었지만, 동생 제임스에게 나라를 맡기고 세상을 떠났다. 그리하여 메리는 스물여섯 살에 왕비가 되었다.

즉위 후, 몇몇 반란분자가 나타났지만 이를 계기로 의회에서 국왕의 상비군 확대를 인정받는 데 성공한다. 이때부터 새 국왕의 반격이 시작된다. 1686년, 제임스 2세는 다수의 가톨릭교도를 고위직으로 임명했으며, 이듬해에는 신앙의 자유를 선언하고 심사법 폐지를 결정한다. 그는 두 딸 메리와 앤에게도 가톨릭으로 개종하도록 강요했다. 하지만 이미 신교도와 결혼한 딸들이 이를 따르지 않으면서 점차 궁정과 멀어지게 된다.

국왕이 된 남편은 이전까지 참아온 탓인지 거만한 태도를 보이기 시작했다. 이전에도 여색을 좋아하기는 했지만, 이 무렵 관계가 깊어진 정부와는 메리에 대한 배려도 느껴지지 않을 정도로 가깝게 지내며 그녀를 괴롭게 했다. 로마에 있던 어머니의 죽음까지 겹치며 메리의 정신은 더욱 피폐해졌다. 나라의 장래를 위해서는 왕자를 낳아야 했다. 정부와 헤어지지 않으면 자식을 낳을 수 없다며 다그치는 메리의 뜻에 따라 제임스 2세는 정부를 궁정에서 내보냈다.

부부의 소원이 하늘에 닿았는지 1688년 6월 10일, 메리는 세인트 제임스 궁전에서 아들 제임스 프랜시스 에드워드를 낳았다. 부부는 신교도이자 국민에게 인기가 있는 앤이 출산에 입회하기를 바랐지만 앤은 부왕의 명령에 따르지 않았다. 전 왕비 브라간사의 캐서린이 입회했지만 그녀 역시 가톨릭 신자였기 때문에 아들의 탄생을 바라지 않던 의회로부터 사산한 아이를 바꿔치기했다거나 남녀를 바꿔치기했다는 등의 야유를 받았다.

명예혁명의 장래

의회는 가톨릭 후계자를 인정할 수 없다며 네덜란드로 시집간 메리와 그녀의 남편 윌리엄에게 왕위를 넘길 것을 요청했다. 명예혁명의 서막이 오른 것이다. 11월 5일, 윌리엄이 네덜란드 군 5만 명을 이끌고 데본에 상륙했다. 국군의 대다수 신교도 신자들은 윌리엄 군으로 돌아섰다. 아들을 지켜야 한다는 일념으로 12월 10일 메리는 어린 아들을 데리고 런던을 탈출해 루이 14세가 있는 프랑스로 망명했다. 남편은 윌리엄 군에 붙잡혔지만 망명이 허락되면서 가족은 프랑스 궁정에서 무사히 재회할 수 있었다.

1689년 2월, 메리 2세와 윌리엄 3세의 공동 통치가 시작되었다. 당연히 제임스 2세는 딸과 사위의 배신을 용서하지 않았다. 그는 왕위 탈환을 목적으로 프랑스 군의 지원을 받아 아일랜드에 상륙했다. 여름까지 치열한 전투가 이어졌지만 승리하지 못했다.

윌리엄 3세의 상륙 소식을 듣고 낙담하는 제임스 2세와 편지를 들여다보는 메리 왕비. 오른쪽에는 막 태어난 왕자가 그려져 있다. (Isaac Cruikshank, 1875년판)

루이 14세는 이들 가족이 생제르맹앙레성에서 머물도록 했다. '왕권신수설'을 믿는 프랑스 궁정에서는 군주를 추방하는 것은 의회의 특권이 아니라는 의견이 다수였기 때문에 영국 왕비 신분의 메리는 고위 궁정인으로서 귀한 대접을 받았다. 루이 14세의 숨겨진 아내였다고 하는 맹트농 부인(1635~1719)과도 친분을 맺었다.

1692년에 낳은 딸 루이사 마리아 테레사(1692~1712)도 프랑스 궁정에서 영국의 공주로서 대접받았다. 출생을 둘러싼 의혹에 휩싸인 아들의 전철을 밟지 않기 위해 출산할 때 영국의 메리 2세가 입회하길 바란다는 편지를 썼지만 답장이 없었다. 그러던 메리 2세도 1694년에 천연두로 세상을 떠났다.

1696년, 제임스 2세를 지지하는 가톨릭 세력인 자코바이트 (Jacobites)에 의한 윌리엄 3세 암살 계획이 획책되었으나 실패로 끝났다. 메리는 남편과 아들의 대의를 돕기 위해 자신이 소유한 보석을 팔거나 고국에 원조를 요청하기도 했다.

1701년, 제임스 2세가 뇌출혈로 세상을 떠났다. 루이 14세는 메리의 아들 제임스를 잉글랜드와 스코틀랜드 국왕 제임스 3세로 선언하고 스페인, 로마 교황, 모데나 공국도 그의 왕위를 인정했다. 메리는 아들의 섭정으로, 그의 왕위 주장을 기재한 문서를 작성해 잉글랜드와 스코틀랜드 의회에 보냈다. 하지만 개종하지 않는 한 권리를 주장할 수 없다는 차가운 답변이 돌아왔다. 정치를 위해 신앙을 바꿀 수 없다는 신념은 흔들리지 않았다.

1702년, 윌리엄 3세가 붕어했다. 왕위는 앤에게 계승되었다. 스코틀랜드의 자코바이트로부터 왕위 탈환을 위한 거병 요청이 있었지만 메리는 아직 성인도 되지 않은 아들을 전장에 세울 수 없다며 거절했다. 한편, 성인이 된 아들이 자코바이트와 결탁해 왕위 탈환을 목적으로 한 침공 계획을 세웠을 때는 간섭하지 않았다. 메리는 프랑스의 공주였던 시어머니 헨리에타 마리아가 설립한 샤요 수도원에서 많은 시간을 보내게 되었다.

1712년, 아들과 딸이 잇따라 천연두에 걸렸다. 아들은 목숨을 구했지만 루이사는 열아홉 살에 세상을 떠나고 말았다. 루이사는 춤과 오페라를 좋아하는 쾌활한 성격으로, 프랑스 궁정의 인기인이었다. 또 자신의 가족을 위해 자코바이트들이 많은 희생을 치르며 망명 생활을 견뎌온 것을 진심으로 안타깝게 여긴, 심성이 따뜻한 소녀이기도 했다. 혼담이 오가기도 했지만 망명 중인 처지가 걸림돌이 되어 성사되지 못했다. 어머니로서 이보다 더 슬픈 일이 있었을까.

1714년, 앤 여왕도 세상을 떠났다. 후임은 독일 하노버 가문의 조지 1세였다. 제임스 3세는 이를 인정하지 않고 복위를 목표로 스코틀랜드에서 반란을 선동했지만 실패로 끝나고 말았다. 복위의 꿈은 자손들에게로 넘어간다.

1718년 5월 7일, 메리는 59세를 일기로 영면했다. 유해는 샤요 수도원에 안치되었다. 열다섯 살 때 영국으로 시집와 44년, 가족을 위해 결혼하고 가족을 위해 망명했다. 손으로 꼽기 어려울 정도로 많은 혈육의 죽음을 지켜보았다. 환경은 크게 바뀌었지만 신앙심만은 변치 않았다. 어릴 때의 바람대로, 만년은 신에게 기도하는 나날을 보냈다.

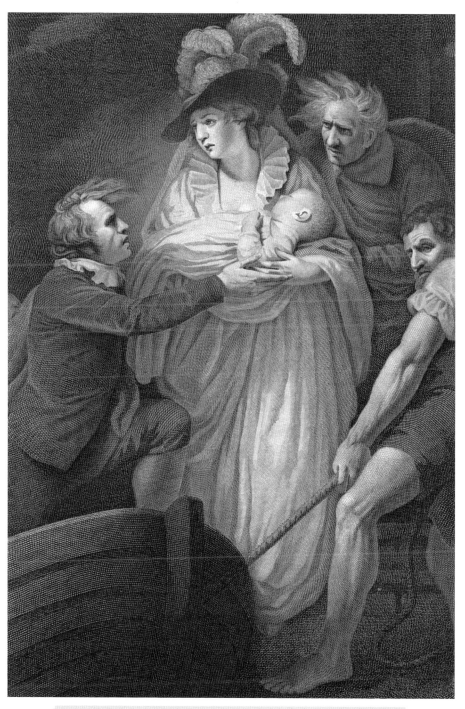

메리는 명예혁명이 발발하자 아들 제임스를 안고 프랑스로 망명했다. (1796년판)

빌라 데스테

  모데나의 메리(Mary of Modena, 이탈리아 이름은 마리아 베아트리체 엘레오노라 안나 마르게리타 이사벨라 데스테)의 친가 에스테가는 10세기 이래 에스테 변경백(邊境伯)의 지위를 세습하고 이를 가문명으로 삼았다. 1598년 이후는 모데나 레조 공국으로 존립했다. 에스테가의 별장이 있는 티볼리는 로마 근교에 있다. 고대 로마시대부터 상류계급의 휴양지로 유명한 장소이다. 16세기 중반, 에스테가의 추기경 이폴리토 2세 데스테(1508~59)는 은거 생활을 하기 위해 이곳에 빌라 데스테를 지었다. 정원에는 그리스·로마시대를 모티브로 한 500개에 이르는 분수가 설치되어 있다. 그중에서도 분수의 수압을 이용해 파이프오르간을 연주하는 '오르간의 분수'가 장관이다. 이 후기 르네상스 시대의 대표적인 정원은 이탈리아 제일의 아름다운 분수 정원으로, 2001년에 유네스코 세계 유산에도 등재되었다.

  프란츠 리스트(1811~86)는 만년에 빌라 데스테에 머물며 '에스테 별장의 분수'를 포함한 세 곡을 작곡했다. 섬세한 음색은 햇빛을 받아 반짝이는 물보라를 연상시킨다. 리스트의 곡에 자극을 받아 라벨(1875~1937)은 '물의 유희', 드뷔시(1862~1918)는 '물의 반영'을 탄생시켰다.

에스테가의 별장인 빌라 데스테. 아름다운 분수가 장관이다.

베르사유 궁전

✳ 1686년 완성된 '거울의 방'. 메리도 이곳에서 무도회를 즐겼을까.

베르사유 궁전은 프랑스 국왕 루이 14세에 의해 파리에서 남서쪽으로 22km 떨어진 베르사유에 건설되었다. 궁전은 원래 그곳에 있던 작은 수렵용 별장을 바탕으로, 세 번에 걸친 공사 기간을 거쳐 완성되었다. 루이 14세는 건축 중이던 1682년에 궁정을 파리에서 베르사유로 옮겼다. 1688년, 명예혁명으로 프랑스로 망명한 제임스 2세와 모데나의 메리는 베르사유에 머물렀다. 영국 윈저성의 인테리어는 베르사유 궁전을 참고했다고 한다. 궁전의 내부 장식과 분위기는 고국을 떠나 망명한 두 사람에게 윈저성을 떠올리게 했다.

✳ 베르사유 궁전에서는 정기적으로 분수 쇼가 열린다.

　베르사유 궁전의 정원 역시 메리를 향수에 젖게 만들었다. 정원 곳곳에 설치된 분수는 메리의 친가 에스테가가 소유한 빌라 데스테를 모델로 삼았기 때문이었다. 빌라 데스테를 동경한 루이 14세는 그것을 능가하는 훌륭한 분수를 만들기 위해 멀리 센강에서 물이 충분치 않은 베르사유까지 물을 끌어오기로 결정한다. 물은 센강 하류에 설치된 14대의 거대한 수차로 움직이는 200기의 펌프로 언덕 위까지 끌어올려져 8km에 달하는 수도교를 통해 베르사유 궁전의 저수조까지 옮겨졌다. 분수 정원은 자연을 자유자재로 제어하는 국왕의 권력을 상징했다. 메리는 아름다운 분수가 만들어내는 선율을 바라보며 고국에 대한 그리움을 달랬을 것이다.

이야기 3
메리 2세
Mary II
1662~94

왕가를 농락한 종교 문제

1689년 2월 12일, 메리 스튜어트(Mary Stuart, 1662~94)는 남편인 네덜란드 총독 오라네 공작 윌리엄 3세와 함께 영국으로 귀국했다. 네덜란드로 시집간 이래 11년 만의 귀국이었다. 국민의 환영을 받았지만 그녀의 마음속은 복잡했다.

메리는 1662년 4월 30일 세인트 제임스 궁전에서 찰스 2세의 동생인 요크 공작 제임스와 아내 앤 하이드(1637~71)의 장녀로 태어났다. 3년 후 태어난 여동생 앤에 이어 남동생과 여동생이 태어났지만 대부분 오래 살지 못했다.

1670년, 어머니가 영국 국교회를 이탈해 가톨릭으로 개종한다. 잇따라 아버지도 가톨릭 신자임을 공언한다. 큰아버지인 찰스 2세는 메리, 앤, 에드거(1667~71)의 장래를 우려해 부모와 떨어진 리치먼드 궁전에서 신교도로서 양육할 것을 명했다. 1671년, 어머니는 여덟 번째 아이를 출산하지만 살리지 못했고, 한 달 후 자신도 세상을 떠났다. 남동생 에드거도 어린 나이에 세상을 떠났다. 메리는 아버지에 이어 왕위 계승 서열 제2위가 되었다.

찰스 2세는 메리를 신교도와 결혼시키기 위해 여동생의 아들인 오라녜 공작 윌리엄 3세와 사촌 간 결혼을 추진한다. 청교도혁명으로 찰스 2세가 영국을 떠나 망명하자 네덜란드의 오라녜 가문에 시집온 여동생은 친가를 위해 애썼다. 하지만 남편인 네덜란드 총독 윌리엄 2세(1626~50)는 외동아들인 윌리엄 3세가 뱃속에 있을 때 갑작스러운 죽음을 맞는다. 그녀는 미망인이 되었다. 남편이 세상을 떠난 지 8일째 되는 날, 윌리엄 3세가 탄생했다. 하지만 총독직 세습을 부정하는 일파로부터 영국의 친가를 지나치게 우대

대관식에 임한 윌리엄 3세와 메리 2세.

왕관을 앞에 둔 메리 2세의 표정이 밝지 않다. 망명한 아버지에 대한 걱정 때문이었을까. (Edgar Melville Ward, 19세기판)

한다는 비판을 받은 그녀는 아들과 떨어져 국외에 머물러야 할 위기에 처한다. 왕정복고 이후 찰스 2세는 여동생의 은혜에 보답하고자 했지만 영국으로의 귀국이 실현된 1660년에 그녀는 천연두로 세상을 떠나고 만다.

찰스 2세는 네덜란드에 남겨진 조카 윌리엄 3세가 걱정이었지만 프랑스와의 관계 때문에 공개적으로 지원할 수는 없었다. 1670년 가을부터 이듬해 겨울에 걸쳐, 윌리엄 3세는 영국을 방문해 찰스 2

세와 회담했다. 청교도혁명 당시 영국 왕실이 오라녜 가문에 진 막대한 부채의 변제와 함께 메리와의 혼담이 화제였다. 1672년, 루이 14세의 프랑스군이 네덜란드를 침공해 암스테르담이 점령당할 위기에 처했을 때 윌리엄 3세는 국방에 힘을 쏟아 성과를 거두었다. 이 활약으로 그는 네덜란드 총독의 지위를 인정받았다. 메리와의 혼담도 본격화되었다.

그러던 때, 아버지 제임스가 가톨릭교도인 모데나 레조 공국의 공녀 메리와 재혼했다. 의붓어머니는 열다섯 살. 메리와 네 살밖에 차이가 나지 않아 두 사람은 금세 친해졌다.

1677년 11월 4일, 열다섯 살이 된 메리는 런던의 세인트 제임스 궁전에서 윌리엄 3세와 결혼했다. 결혼식을 고대하던 여동생 앤은 천연두에 걸려 참석하지 못했다. 병은 나았지만 11월 19일 영국을 떠날 때에도 직접 만나서 작별을 고하지 못했다. 고국을 떠난다는 불안감과 외로움 탓인지 의연한 성격의 메리도 런던을 떠날 때는 눈물을 감추지 못했다.

네덜란드 헤이그에 도착한 메리는 마음을 다잡고 네덜란드에서의 생활에 순응했다. 차 문화가 정착한 네덜란드 궁정에서 매일 차 모임을 즐기기도 했다. 네덜란드 동인도회사가 수입한 동양 도자기 수집에도 관심을 가졌다. 수학, 과학, 회화 등 다양한 교양을 쌓아 남편과 국민의 인정을 받기도 했지만 부부 관계는 순탄치 않았다. 열두 살 연상의 윌리엄 3세는 결혼 전부터 만나온 정부와의 관계를 이어갔다. 양성애자였던 남편의 성벽도 당황스러웠다.

그럼에도 결혼 이듬해에 두 번의 유산을 경험한다. 고맙게도 의붓어머니 메리와 여동생 앤이 헤이그까지 병문안을 와주었다. 의붓어머니 메리도 거듭된 유산과 사산을 경험했기 때문에 누구보다 메리의 심정을 잘 알고 위로해주었다.

1679년에는 아버지와 의붓어머니가 찰스 2세의 암살 계획인 '가톨릭 음모 사건'에 연루되었다는 의혹을 받아 소란이 진정될 때까지 헤이그에 머물게 되었다. 메리는 그들을 후하게 대접했다. 네덜란드에서 유행한 차를 찻잔 받침에 따라 마시는 방식은 그 후 영국 궁정에도 계승되었다. 1680년, 세 번의 유산을 경험한 메리는 다시 아이를 갖지 못했다.

1683년, 고국인 영국에서 또다시 사건이 일어났다. 찰스 2세의 서자인 몬머스 공작 제임스 스콧(1649~85)이 왕위 찬탈 음모를 획책했다는 의혹을 받아 헤이그로 도망쳐온 것이다. 몬머스 공작은 청교도혁명 당시 왕세자 신분이었던 찰스 2세와 그의 정부 루시 월터(1630~58)의 아들로 네덜란드에서 태어났다. 찰스 2세는 그를 인지하고 작위를 내렸지만 적자로 대우하지는 않았다. 하지만 찰스 2세가 루시와 정식 결혼을 했다고 주장하는 일파는 가톨릭 신앙을 공언한 왕의 동생 제임스보다 몬머스 공작이 왕위 계승자로 적합하다고 여겼다.

1685년, 큰아버지 찰스 2세가 붕어하자 아버지가 제임스 2세로 즉위한다. 메리는 4월에 거행된 대관식에는 참석하지 않았다. 6월, 네덜란드에 머물던 몬머스 공작이 왕위 계승권을 주장하며 스코틀랜드 귀족과 결탁해 반란을 일으켰다. 그러나 국군에 패하면서 단두대의 이슬로 사라지고 만다. 제임스 2세로 즉위한 아버지는 가톨릭 우대를 강화해 의회와 대립한다. 국왕에게 간하는 자는 파면되거나 문초를 당했다. 아버지에 이어 왕위 계승 서열 제1위인 그녀 주위에는 도움을 요청하는 영국 의회 인사들이 다수 모여들었다.

1687년, 메리로서는 받아들이기 힘든 제임스 2세의 요청이 전달된다. 윌리엄 3세와 이혼하고 가톨릭으로 개종해 가톨릭 신자인 왕자와 결혼하라는 것이었다. 메리는 단호히 거부했다. 결혼 후 영국에서 살던 앤도 아버지의 거듭된 요청에 난처한 듯했다.

이듬해, 의붓어머니 메리가 아들을 출산했다는 소식이 전해진다. 의붓동생이 태어나면서 메리의 영국 왕위 계승 순위가 내려간다는 연락이었다. 메리는 서둘러 앤에게 편지를 써 진위를 확인했지만 앤도 출산에 입회하지 않았다. 그녀는 의붓어머니가 보낸 편지에 애매한 축하 인사로 답할 수밖에 없었다.

명예혁명

1688년 6월 30일, 영국에 가톨릭교도 왕이 탄생하는 것을 우려한

7명의 신교도 귀족들이 메리와 윌리엄 3세에게 초청장을 보내 메리가 영국의 왕위를 계승할 것을 요청했다. 남편은 긍정적이었다. 아버지와 의붓어머니에 대한 배신이었지만 영국 국교회를 수호하는 것이 자신의 책무라 여긴 메리는 남편의 잉글랜드 침공에 동의한다. 11월 5일, 윌리엄 3세는 5만 명의 대군을 이끌고 도버에 상륙했다. 신교도에 의한 반국왕 봉기가 일어나고, 런던 시민들도 국왕 배제에 나섰다. 윌리엄 3세는 제임스 2세를 처형하는 대신 프랑스 망명을 허락함으로써 무혈에 의한 '명예혁명'이 성립했다.

이듬해 2월에 메리는 왕위에 오르기 위해 귀국했고, 4월 11일에 웨스트민스터 사원에서 대관식이 거행되었다. 영국 의회는 직계인 메리의 단독 대관을 바랐지만 그녀는 남편과의 공동 통치를 고수했다. 자식 대신 나라를 안겨줌으로써 남편에게 보답한 것인지도 모른다.

부부는 천식이 있는 윌리엄 3세의 건강을 고려해 햄프턴 코트 궁전과 켄싱턴 궁전에서 지내게 되었다. 하지만 남편은 봄 이후 왕위 탈환을 노린 제임스 2세가 스코틀랜드와 아일랜드의 자코바이트들과 결탁해 반란을 일으키자 이를 평정하기 위해 전장으로 떠나면서 자리를 비우게 된다. 그 뒤로 의회는 국왕도 의회의 승인 없이는 법률의 제정과 폐지, 과세 등을 할 수 없다는 '권리장전'을 제정하면서 입헌군주제가 성립된다. 부부는 각자의 섭정이 되었으며, 메리는 군주로서 국민에게 다가갔다. 계속된 전쟁으로 상심하던 그녀는 해군 상이군인을 위한 그리니치병원 설립에도 관여했다.

QUEEN MARY.

Mare R
26.th June 1696. Harl. M.S.

E.d Hargrave Sculp.t

메리 2세 (Edward Hargraves, 1838년판)

햄프턴 코트 궁전

메리는 전장에서 돌아온 남편을 위로하기 위해 궁정의 인테리어를 당시 유행하던 프랑스풍이 아닌 네덜란드풍의 블루&화이트 식기가 어울리는 소박한 공간으로 꾸몄다. 많은 귀족들이 델프트 도기와 동양 자기 수집에 빠졌다. 윌리엄 3세도 서서히 아내의 총명함과 배려심이 깃든 궁전을 편안하게 느끼게 되었다. 메리는 켄싱턴 궁전에 산책, 독서 등을 즐기기 위한 퀸즈 갤러리를 만들었다. 정치 관련 서적도 다수 섭렵했다.

왕으로서 많은 사람들의 존경을 받게 된 메리의 유일한 고민은 여동생 앤이었다. 메리 다음으로 왕위 계승권을 가진 앤은 사촌인 윌리엄 3세가 왕이 된 것이 못마땅했는지 거주 구역 확대, 재산 배분의 증액, 지위 승격 등을 요구하면서 자매간의 불화가 깊어졌다.

실내에는 메리 2세가 아끼던 블루&화이트 자기가 장식되어 있다.

끝내 관계를 회복하지 못하고 1694년 12월 28일 메리는 켄싱턴 궁전에서 천연두로 갑작스럽게 세상을 떠났다. 왕으로서 5년, 32 년의 짧은 생애였다. 국민은 너무 이른 죽음에 슬픔을 감추지 못했다. 그녀의 유해는 웨스트민스터 사원에 있는 헨리 7세 예배당에 안치되었다. 그녀가 지내던 궁전에는 지금도 메리 2세가 아끼던 동양 자기가 장식되어 있다.

디럼 파크

디럼 파크는 영화 촬영지로도 자주 이용된다.

영국 글로스터서셔에 있는 디럼 파크(Dyrham Park)는 윌리엄 3세와 인연이 깊은 장소이다. 이 저택은 17세기 말, 윌리엄 블라스웨이트에 의해 대규모로 개축되었다. 블라스웨이트는 네덜란드 헤이그에서 외교관으로 활동하기도 했다. 1670~80년대는 간헐적으로 이어진 영국, 프랑스, 네덜란드의 전쟁을 둘러싼 비밀문서 교환과 각종 조약의 체결로 외교관으로서는 매우 바쁜 시기였다. 영국에서

디럼 파크에 장식된 델프트 도기.

는 국왕이 찰스 2세에서 제임스 2세로 바뀌었으며 가톨릭 신자인 제임스 2세는 국민에게 인기가 없었다. 골수 왕당파인 블라스웨이트는 한결같이 제임스 2세를 지지했지만 1688~89년의 명예혁명 때 패배하면서 외교관직을 파면당했다. 하지만 영어가 서툴렀던 윌리엄 3세는 블라스웨이트의 유창한 네덜란드어 실력과 인맥 그리고 외교관으로서의 실적을 높이 사 그를 측근으로 삼았으며 1692년에

디럼 파크의 상징이었던 사슴. 지금은 볼 수 없다.

는 국무관으로 임명했다.

　블라스웨이트는 높은 보수를 자본으로 디럼 파크의 확장을 시작한다. 새로 추가된 동쪽 건물은 윌리엄 3세의 방문을 염두에 두고 지어졌다. 궁정의 어용 장인에게 왕을 위한 침대를 주문하고 가구, 세간, 회화 작품 등은 모두 네덜란드제로 갖추었다. 오라녜가의 상징인 오렌지를 재배하기 위한 오랑주리도 짓는 등 광대한 네덜란드풍 정원을 조성했다.

　하지만 윌리엄 3세는 1702년 낙마 사고가 원인이 되어 51세를 일기로 세상을 떠났다. 왕이 디럼 파크를 방문하는 일은 없었다. 지금도 저택 내부는 당시의 모습을 그대로 보존하고 있다.

이야기 4
앤 여왕
Queen Anne
1665~1714

가족과 혼란한 일상

1665년 2월 6일, 세인트 제임스 궁전에서 요크 공작 제임스의 차녀 앤(Queen Anne, 1665~1714)이 태어났다. 선천적으로 눈이 나빴던 앤은 세 살 무렵 치료를 위해 할머니 헨리에타 마리아가 있는 프랑스로 갔다. 프랑스에는 할머니 외에도 아버지의 여동생인 오를레앙 공작 부인 헨리에타 앤(1644~70)이 있었다. 할머니는 안타깝게도 앤이 프랑스로 간 지 1년 만에 세상을 떠나고 말았다. 그리고 1년 후에는 고모 앤도 스물여섯 살의 젊은 나이로 세상을 떠났다. 앤은 고모의 장례식 이후 영국으로 돌아왔다.

큰아버지인 찰스 2세는 앤과 언니 메리 그리고 남동생 에드거를 가톨릭 신앙을 선언한 부모로부터 분리해 리치먼드 궁전에서 지내게 했다. 처음으로 형제자매를 만나 함께 지내게 되자 언니 메리는

국민에 대한 왕의 손길. (1883년판)

세 살 어린 앤을 따뜻하게 보살폈다. 1671년, 어머니가 세상을 떠났지만 생활에 큰 영향은 없었다. 함께 지내던 남동생 에드거의 죽음이 더 큰 충격이었다.

변화가 찾아온 것은 그로부터 2년 후, 아버지 제임스의 재혼으로 이탈리아에서 모데나의 메리가 온 후부터였다. 앤은 자신보다 일곱 살 많은 의붓어머니를 어떻게 대해야 할지 몰랐다. 하지만 좋은 점도 있었다. 의붓어머니의 여관인 세라 제닝스(1660~1744)와의 만남이다. 낯가림이 심하고 겁이 많은데다 행동도 느리고 귀여운 구석이 없던 앤과 달리 다섯 살 연상의 이 소녀는 똑 부러진 성격의 명랑한 인물이었다. 앤은 가톨릭 신앙을 공언한 아버지 때문에 신교를 믿는 귀족 자녀들로부터 존경받지 못하고 은근히 따돌림을 당하는 일도 많았다. 세라는 그런 아이들로부터 용감하게 자신을 보호해주었다. 두 사람은 서로를 '몰리(앤)'와 '프리먼(세라)'이라는 별명으로 부를 정도로 친한 친구가 되었다.

1677년, 언니 메리가 결혼해 네덜란드로 가게 되었다. 하지만 결혼식이 있기 전에 앤은 천연두에 걸려 생사의 기로를 넘나들었다. 몸은 회복되었지만 결혼식에 참석하지 못하고 항구까지 배웅하지도 못했다. 같은 해에 세라도 결혼했다. 세라는 앤의 아버지 제임스의 부하인 군인 존 처칠(1650~1722)을 만나 은밀히 사랑을 키웠다. 부유하지 않은 존의 집안에서 세라의 지참금이 적다며 결혼을 반대했지만 그해에 세라의 남자 형제가 세상을 떠나 그녀의 지참금이 늘어나자 결혼이 성사되었다. 앤은 공무보다 남편을 먼저 생각하고 집에 머무는 시간이 많아진 세라에게 버림받은 기분이었다.

이듬해, 의붓어머니 메리의 제안으로 네덜란드를 여행하게 되었다. 결혼 이후 두 번의 유산을 겪은 언니 메리의 병문안이 목적이었다. 처음 가본 네덜란드와 언니와의 반가운 재회는 앤의 마음을 흥분시켰다. 이듬해에 가톨릭교도인 아버지와 의붓어머니가 터무니없는 혐의를 받아 한동안 네덜란드에 머물게 되었다. 세라 부부도 동행했기 때문에 앤도 따라갔다. 1680년, 아버지가 스코틀랜드에 부임한다. 이듬해 여름, 또다시 세라를 따라 아버지와 합류해 봄까지 스코틀랜드에 머물렀다.

10대 후반이 되자 앤에게도 혼담이 들어왔다. 찰스 2세는 앤의 결혼 상대로 훗날 조지 1세가 된 하노버의 게오르크 루트비히를 고려했지만 그가 영어를 하지 못해 혼담이 성사되지 못했다.

1683년 7월, 앤은 덴마크와 노르웨이의 국왕 프레더릭 3세(1609~70)의 차남 조지(1653~1708)와 결혼했다. 조지는 찰스 2세의 말에 따르면 '재미없는 녀석'이었다. 무슨 말을 하든 '뭐? 진짜?'가 입버릇처럼 튀어나왔다. 다소 미덥지 못한 인물이었지만 심성이 착했다. 적어도 궁정 안에서는 선량한 인물이었다. 앤은 정치에 일절 관여하지 않고 정원 가꾸기와 술을 좋아하는 남편이 마음에 들었다. 하지만 여섯 번의 유산과 여섯 번의 사산을 경험한다. 대부분의 아이가 천연두로 세상을 떠났다. 1689년, 고대하던 아들 글로스터 공작 윌리엄(1689~1700)이 탄생했다. 하지만 윌리엄은 선천성 수두증이 원인이 되어 열한 살에 성홍열로 목숨을 잃는다. 앤은 슬픔에 빠져 브랜디에 의존한다.

1685년, 앤이 스무 살 때 아버지가 제임스 2세로 즉위했다. 가톨릭에 빠진 제임스 2세는 가톨릭교도를 중용하고, 왕실 직속 상비군까지 설치하면서 의회와 대립했다. 하지만 신교도인 언니 메리와 앤이 왕위를 계승할 것으로 여긴 의회는 관망적인 입장을 취했다.

1687년은 최악의 해였다. 두 딸을 잃고 유산과 사산을 경험한 데다 아버지는 가톨릭으로 개종하고 남편과 헤어질 것을 강요했다. 앤은 왕의 명령을 무시하고 요양을 위해 배스로 갔다. 이듬해 의붓어머니의 출산에 입회하라는 제안이 있었지만 이번에도 무시했다.

1688년 6월, 의붓어머니는 6년 만에 아들을 출산했다. 의회는 의심했다. 진짜 후계자라면, 대를 이어 가톨릭 왕이 탄생할 가능성이 커진다. 결국 의회는 제임스 2세와의 대립을 결의한다. 7명의 신교도 귀족으로부터 초청장을 받은 언니 메리와 형부인 네덜란드 총독 오라네 공작 윌리엄 3세는 의회의 요청에 응해 '신교도 국민의 권리 회복'이라는 대의 아래 영국에 상륙했다. 깜짝 놀란 제임스 2세가 의회에 양보 의사를 밝혔지만 이미 때는 늦었다. 다수의 국군이 윌리엄 3세의 편으로 돌아섰다.

고립될 것을 우려한 아버지는 앤이 반란 세력과 접촉하지 않도록

Queen Anne.

From a Drawing by Sir Godfrey Kneller.

앤 여왕 (Godfrey Kneller, 1840년판)

앤과 세라를 화이트홀 궁전에 연금했다. 앤은 죽음을 각오했다. 하지만 국군 사령관이었던 세라의 남편 존이 두 사람을 돕기 위해 윌리엄 3세 측으로 돌아서며 앤을 구출해 윌리엄 군에 데려다준다. 존은 이 공적으로 말버러 백작의 칭호를 수여받는다. 제임스 2세는 의붓어머니 메리와 갓 태어난 이복동생과 함께 프랑스로 망명한다.

이듬해 2월, 언니 메리도 네덜란드에서 귀국한다. 언니의 요청으로, 왕위 계승 순위 3위인 형부 윌리엄 3세와의 공동 통치가 시작된다. 언니에게는 자식이 없었기 때문에 앤은 왕위 계승 순위 1위로서 화이트홀 궁전에 머물게 되었다. 앤은 왕위 계승 순위가 앞서는 자신을 건너뛰고 윌리엄이 왕위를 계승한 것에 불만을 갖고 연금 자금의 증액을 요구하지만 언니 메리는 이를 거부한다. 언니는 결혼 후 매사에 남편을 우선시하며 전처럼 자신을 지켜주는 존재가 아니었던 것이다.

1692년, 세라의 남편 말버러 백작이 프랑스로 망명한 아버지 제임스 2세와 은밀히 연락을 주고받았다는 혐의를 받아 런던탑에 투옥되었다. 앤은 투옥에 반대했다. 결국 혐의는 풀렸지만 앤은 언니를 용서하지 않았다. 앤은 화이트홀 궁전을 떠나 친분이 있던 서머싯 공작 찰스 시모어(1662~1748) 부부에게 빌린 런던 근교의 사이언 하우스로 옮겼다.

언니와는 1년 넘게 절교 상대였다. 1694년 말, 언니가 천연두에 걸려 생사의 기로를 헤맨다는 소식을 들은 앤은 평정심을 잃고 사죄를 청하지만 언니는 그것을 받아줄 수 있는 상태가 아니었다. 서로를 용서할 시간도 없이 메리는 갑작스럽게 세상을 떠났다. 앤은 비탄에 빠진 윌리엄 3세와 화해하고, 거처를 세인트 제임스 궁전으로 옮겼다.

앤은 언니와의 추억이 깃든 햄프턴 코트 궁전도 자주 찾았다. 신앙심이 깊었던 앤은 궁전 안에 있는 교회를 더욱 장엄하게 개장했다. 취미였던 사냥에도 열중했다. 궁전 안에 말이 달릴 수 있는 사냥용 도로도 만들었다. 비만한 체구 때문에 말을 타지 못했던 그녀는 말 대신 전용 이륜마차를 타고 사냥개를 앞세워 사냥을 즐겼다.

1701년, 살아 있는 앤의 유일한 자녀 글로스터 공작 윌리엄의 죽음을 겪고 윌리엄 3세는 '왕위 계승법'을 제정했다. 앤이 세상을 떠난 후 왕위는 '스튜어트 가문의 혈통을 잇는 유일한 신교도 팔츠의 조피(1630~1714) 및 그 자손'으로만 한정되었다. 망명한 이복동생 제임스에 대한 견제였다. 1702년 윌리엄 3세도 세상을 떠났다.

영국 왕으로 즉위

1702년 4월 23일, 앤은 영국 왕으로 즉위했다. 비만한 체구에 통풍을 앓았던 앤은 특별 주문한 가마를 타고 대관식장으로 향했다. 대관식 중에도 내내 앉은 상태였다. 의식 중에는 발목에 발찌를 차는 관습이 있었는데, 앤의 발목이 너무 두꺼워 발찌를 착용하지 못하자 이후 이 관습이 중단되었다. 남편 조지는 '여왕의 배우자' 겸 '해군 총사령관'의 지위를 수여받았으나 통치자로서 군림하지는 못했다. 잉글랜드, 스코틀랜드, 아일랜드의 통치는 앤의 손에 맡겨졌다.

여왕이 된 앤은 켄싱턴 궁전으로 거처를 옮겼다. 즉위 기념을 겸해 궁전의 정원 안에는 오렌지를 재배하기 위한 '오랑주리'가 지어졌다. 여름에는 이곳에서 차 모임을 열었다. 여왕이 된 자신을 막을 자는 없었다. 앤은 세라의 남편 말버러 백작을 공작으로 서임하고 블레넘 전투에서 프랑스군에 승리한 포상으로 광대한 우드스톡 장원을 하사했다. 말버러 공작은 이곳에 블레넘 궁전을 지었다.

윌리엄 3세가 끝내지 못한 스페인 계승전쟁에도 관여했다. 네덜란드·오스트리아와 손을 잡고 프랑스·스페인을 상대로 전쟁을 벌였다. 말버러 공작은 이 전쟁에서도 수완을 발휘해 연승을 거두었다. 같은 시기에 대륙에서 프랑스와의 전쟁도 발발한다. '앤 여왕 전쟁'이라고 불린 이 전쟁은 장기전에 접어들었다. 기반을 공고히 할 목적으로 잉글랜드와 스코틀랜드 양국의 통합안이 진행되어 1707년 5월 양국의 '연합법'이 성립했다. 스튜어트 왕조 창설 이래 100년 남짓 동군 연합을 결성한 양국은 그레이트브리튼 왕국이 되었으며, 앤 여왕은 최초의 국왕이 되었다.

세라는 전쟁을 계속하도록 진언했지만 앤의 마음은 평화 추진파 쪽으로 기울어 있었다. 블레넘 궁전 건축 때문에 영지에 머무는 일이 많아진 세라와도 거리가 생기기 시작했다. 앤의 총애는 세라의 사촌인 애비게일 마샵(1670~1734)에게로 옮겨갔다. 1708년, 남편 조지가 세상을 떠났다. 고독감이 심해진 앤은 자신의 뜻에 따르지 않는 세라를 못마땅하게 여기게 되었다. 1710년 앤은 세라를 궁정에서 추방했다. 결별 장소는 두 사람이 함께 차 모임을 즐기던 켄싱턴 궁전의 밀실이었다.

스페인 계승전쟁이 종결된 이듬해인 1714년 7월 30일, 앤은 뇌졸중으로 쓰러졌다. 그리고 8월 1일 아침, 켄싱턴 궁전에서 49세를 일기로 영면했다. 유해는 특별 주문한 정사각형 관에 안치되어 웨스트민스터 사원에 매장했다. 이로써 스튜어트 왕조가 막을 내리고 독일계 하노버 왕조가 열리게 된다.

로열 터치

1710년, 찰스 2세 시대부터 계속된 세인트폴 대성당의 재건이 마무리되었다. 대성당 앞에는 앤 여왕의 대형 조각상이 세워졌다. 이를 계기로 앤은 왕의 손길 이른바 '로열 터치(Royal Touch)'를 부활시킨다. 왕의 손길이 닿으면 병이 낫는다는 이 기이한 풍습은 역대 왕들도 행하던 관례였으나 윌리엄 3세가 단순한 미신이라며 폐지한 의식이었다. 앤이 부활시킨 '로열 터치'는 국민의 환영을 받았다.

앤 여왕 양식

앤 여왕 시대에 보급된 것이 은으로 만든 찻주전자이다. 앤은 서양 배를 모티브로 한 로코코 양식의 찻주전자를 가지고 있었다. 이 우미한 찻주전자는 '앤 여왕 양식'이라고 불리며 상류층의 인기를 끌었다.

단 음식을 무척 좋아했던 앤의 식탁에는 다과가 빠지지 않았다. 머랭과 같은 설탕 과자, 향신료로 풍미를 낸 과일 설탕 절임이 대표적이었다. 앤이 가장 좋아한 것은 '서양 배 시나몬 콩포트'였다. 세리주에 절인 얇은 생강 조각과 풍부한 설탕 그리고 시나몬을 넣고 졸인 서양 배를 차게 식혀 먹는 것이었다. 차가운 디저트는 최고의 사치였다.

앤 여왕 양식이라고 불린 로코코 양식의 찻주전자.

이야기 5 독일편
팔츠의 조피
Sophie von der Pfalz
1630~1714

전 약혼자의 동생과 결혼

팔츠의 조피(Sophie von der Pfalz, 1630~1714)는 팔츠 선제후 겸 보헤미아의 왕 프리드리히 5세(1596~1631)의 다섯째 딸로, 1630년 양친이 망명한 네덜란드의 헤이그에서 태어났다. 두 살 때 아버지를 잃었지만 어머니는 그녀에게 수학, 법학, 역사, 어학 등 남성과 동등한 수준의 교육을 시켰다.

혼기가 찬 조피는 브라운슈바이크 뤼네부르크 후작 게오르크 빌헬름(1624~1705)과 약혼하지만 결혼 선 전연두를 앓아 미모가 손상되었다는 이유로 파혼당했다. 그 후 게오르크는 아버지의 뒤를 이을 브라운슈바이크 선제후의 계승권을 포기하고 평생 독신으로 살 것을 맹세했다. 하지만 절세의 미녀 엘레오노르 돌브뢰즈(1639~1722)를 만나 가문의 격이 다른 사람끼리 결혼하는 귀천상혼

헤렌하우젠 궁전에 걸려 있는 팔츠의 조피 초상화.

(貴賤相婚)을 했다. 조피는 깊은 상처를 받았다.

1658년, 조피는 게오르크의 동생인 에른스트 아우구스트 (1629~98)와 결혼했다. 남편의 형이 있었기 때문에 공위 계승 가능성은 낮았지만 형제들이 자식을 남기지 않고 세상을 떠나면서 영지를 상속받았다. 1692년에는 선제후가 되었다.

남편은 늘 정부를 곁에 두었으며 부부 관계도 좋다고는 할 수 없었지만 아내가 정치에 관여하는 것에 이의를 품지 않았다. 모든 면에서 완벽한 조피였지만 유일한 예외가 있었다. 그것은 장남과 결혼한 며느리 첼레의 조피 도로테아(1666~1726)와의 관계였다. 그녀는 조피가 증오한 전 약혼자 게오르크의 외동딸이었던 것이다.

하노버 왕조의 시작

딸인 하노버의 조피 샤를로테(1668~1705)와는 관계가 양호했다. 그녀는 초대 프로이센 왕 프리드리히 1세(1657~1713)의 왕비가 된다. 철학자도 인정할 정도의 지성을 갖춘 샤를로테는 죽은 지인의 딸 안스바흐의 캐롤라인(1683~1737)의 재능을 알아보고 그녀를 후원했다. 조피는 캐롤라인을 손자 게오르크 아우구스트(1683~1760)의 아내로 선택한다.

조피는 외가 쪽 조부가 영국 왕 제임스 1세였기 때문에 자신에게도 영국의 왕위 계승권이 있다는 것을 알고 있었지만 확률은 낮았다. 하지만 1700년 차기 여왕인 앤의 외동아들 윌리엄이 요절하자 가능성이 높아졌다. 1701년 영국 왕 윌리엄 3세는 앤이 세상을 떠난 후 분쟁이 일지 않도록 '스튜어트 가문의 혈통을 잇는, 가톨릭교도가 아닌 자'를 차기 왕으로 삼는다는 '왕위 계승법'을 제정한다. 이 법에 해당하는 인물은 조피 한 사람뿐이었다.

조피는 아들과 손자 게오르크가 정치적인 재능이 없다는 것을 인지하고 있었다. 조피는 자신의 정치 고문 고트프리트 라이프니츠(1646~1716)에게 캐롤라인을 미래의 영국 왕비에 걸맞은 인물로 교육시키도록 했다.

1714년 6월 8일, 조피는 83세를 일기로 영면했다. 8월 1일, 앤 여왕도 세상을 떠났다. 조피의 아들인 하노버 선제후 게오르크 루트비히가 영국 왕 조지 1세로 즉위하면서 지금까지 그 혈맥이 이어지고 있는 하노버 왕조의 막이 오른다.

첼레의 조피 도로테아
Sophia Dorothea of Celle

1666~1726

고독한 신부

1682년, 브라운슈바이크가의 게오르크 루트비히는 열여섯 살 된 첼레의 조피 도로테아(Sophia Dorothea of Celle, 1666~1726)를 아내로 맞았다. 장인이자 큰아버지인 게오르크 빌헬름은 어머니의 전 약혼자라는 복잡한 배경이 있었다. 장인 게오르크 빌헬름은 동생인 에른스트 아우구스트에게 선제후 지위를 양보했지만 뤼네부르크의 영지를 가지고 있었다. 소금 무역으로 번성한 이 지역은 막대한 부를 창출했다. 귀천상혼 이후, 재력을 이용해 아내를 백작으로 만들어 정식 결혼을 한 그는 외동딸 첼레의 조피 도로테아를 적자로 인정했다. 딸이 다른 가문에 시집가게 되면 뤼네부르크를 잃게 될 것이라 우려했던 일가는 이 결혼을 환영했다.

조피는 1683년 장남 게오르크 아우구스트를, 1687년에는 장녀

조지 1세 왕비 조피 도로테아 (I. Kerssaboom, The Illustrated London News Coronation Week Double Number, 1937년 5월 8일)

조피 도로테아(1687~1757)를 낳았지만 결혼 생활은 고독했다. 남편은 정부에게 정신이 팔려 있었고, 시어머니는 조피의 아버지에 대한 원망 때문에 그녀에게 적대적이었다.

그녀의 운명이 바뀐 것은 장녀의 탄생 1주년을 축하하는 가면 무도회에서였다. 그날 밤, 조피는 스웨덴의 귀족 필리프 크리스토프 폰 쾨니히스마르크 백작(1665~94)을 만난다. 조피에게 접근한 그는 여성을 이용해 출세하려는 야심을 품고 있던 남자였다. 하지만 편지를 주고받으며 관계성이 변화한 두 사람은 1691년 무렵부터 남녀 관계가 된다. 두 사람이 프랑스어로 주고받은 편지는 600통에 이르렀다.

1694년, 이혼을 결심한 조피는 부모에게 허락을 구하지만 받아들여지지 않았다. 두 사람은 야반도주를 계획한다. 7월 1일 밤, 백작은 약속 장소에 나타나지 않고 그대로 자취를 감춘다. 아내의 불륜을 안 남편이 암살했다고도 하는데 진상은 밝혀지지 않았다.

12월 28일, 조피는 남편으로부터 이혼을 요구받는다. 남편은 그녀를 밀통의 죄로 처벌하고 싶어 했지만 신성 로마 황제가 실종된 백작의 수색을 시작하면서 일을 크게 만들 수 없게 되었다. 그녀는 자식들과 떨어져 알덴성에 유폐되었다. 어머니와 생이별하게 된 아이들은 눈물을 흘렸지만 아버지는 어머니와의 추억이 담긴 물건들마저 모두 빼앗았다. 조피의 아버지는 딸의 이혼에 반대한 것을 후회하며, 딸에게 막대한 재산을 남기고 실의에 빠져 세상을 떠나고 말았다.

영국 왕 조지 1세가 된 전 남편

1714년, 전 남편 게오르크 루트비히가 영국 왕 조지 1세로 즉위해 아들과 함께 영국으로 건너갔다. 1722년, 유일하게 면회가 허락되었던 어머니 엘레오노르가 83세를 일기로 세상을 떠났다. 프로이센의 왕비가 된 딸 조피 도로테아와의 면회도 허락되지 않았다.

고독한 조피는 1726년 11월 13일 60세를 일기로 영면했다. 조지 1세는 조피의 추도를 금했지만 딸은 어머니를 그리워하며 베를린의 한 교회에서 추도식을 하고 어머니의 시녀도 프로이센으로 불러 그 충심에 보답했다.

이듬해 1월, 조지 1세는 조피의 유해를 알덴의 묘지에 의식 없이 매장하도록 명령했지만 큰비가 내려 매장이 중단되었다. 사람들은 조피의 원한 때문이라고 수군거렸다. 5월, 조피의 유해는 첼레의 성 마리아 교회에 있는 왕족 묘지에 매장되었다.

6월 11일, 조지 1세는 영국에서 하노버로 귀국하던 중 한 통의 편지를 받는다. 그것은 남편에 대한 원망이 가득한 조피의 유언이었다고 한다. 그 편지를 읽고 의식을 잃은 조지 1세는 수일 후 67세를 일기로 세상을 떠났다. 아버지의 죽음을 안 아들 게오르크 아우구스트는 몰래 가지고 있던 어머니의 유일한 초상화를 침대 밑에서 꺼내 벽에 걸었다고 한다. 아들은 영국 왕 조지 2세가 되었다.

헤렌하우젠 궁전

　독일 니더작센주의 도시 하노버. 헤렌하우젠 궁전의 광대한 정원은 이 땅을 다스리던 브라운슈바이크 선제후의 왕비였던 팔츠의 조피가 건설했다. 네덜란드에서 자란 조피는 꽃을 무척 좋아해 '정원은 나의 인생'이라고 했을 만큼 정원 꾸미기에 열정을 쏟았다. 1679년, 딸 샤를로테와 함께 베르사유 궁전을 방문한 조피는 아름다운 정원에 감격한다. 그녀는 프랑스인 정원사에게 베르사유를 모방한 바로크식 정원을 만들도록 했다. 정원 꾸미기는 아들, 손자 대까지 계속되었다.

　이곳에는 기하학적 문양의 정형식(定形式) 정원, 대분수, 오랑주리, 정원 극장 등의 볼거리가 가득하다. 여름에는 하노버와 인연이

재건된 헤렌하우젠 궁전.

좌우 대칭 형태로 아기자기하게 꾸민 분수.

깊은 게오르크 프리드리히 헨델(1685~1759)의 '수상음악'을 즐기는
이벤트도 개최된다. 부지 내에는 선제후 가문의 영묘도 있다.

　일가는 1714년 영국 왕실의 계보를 잇는 하노버 왕조를 세웠다.
조지 1세를 배출한 하노버 가문의 혈통은 조지 2세, 3세로 계승되
었으며 역대 영국 왕은 브라운슈바이크 선제후와 하노버 선제후를
겸했다. 영국과 하노버의 동군 연합은 1세기 이상 지속되었다. 나
폴레옹전쟁에 의한 신성로마제국의 해체 이후, 하노버 선제후령은
다른 영방을 흡수해 하노버 왕국이 되었다. 하지만 1837년 영국 왕
윌리엄 4세(1765~1837)가 붕어하면서 동군 연합도 소멸되었다. 하노
버 왕국은 살리카 법에 의해 윌리엄 4세의 동생 컴벌랜드 공작 에
른스트에게 상속되었으며, 영국 왕위는 조카인 알렉산드리나 빅토

직선, 곡선, 타원형 등의 기하학적 모양으로 나무나 화분을 나란히 배열한 정형식 정원이 아름답다.

리아(1819~1901)가 상속했다. 1866년, 하노버 왕국은 프로이센 왕국에 정복되어 소멸한다.

제2차 세계대전 중 양국은 적대 관계가 되었다. 헤렌하우젠 궁전은 1943년 10월 영국군의 폭격으로 막대한 피해를 보았다.

2009년, 하노버시는 궁전의 재건을 결정했다. 궁전은 대규모 복구 작업을 거쳐 2013년 1월 공개되었다. 식전에는 영국 왕실의 베아트리스 엘리자베스 메리 공주(1988~), 유제니 빅토리아 헬레나 공주(1990~)가 초청받았다. 건물은 현재 헤렌하우젠 박물관이 되어 브라운슈바이크 가문과 영국 왕실의 인연 그리고 정원의 역사 등을 전시하고 있다. 영국 왕실에 관심이 있는 독자라면 또 하나의 영국, 하노버를 방문해볼 가치가 있을 것이다.

이야기 7 독일편
하노버의 조피 샤를로테
ophie Charlotte von Hannover

1668~1705

지성미 넘치는 여성

1668년 10월 13일, 훗날 하노버 선제후가 된 에른스트 아우구스트와 그의 아내 팔츠의 조피 사이에서 외동딸 하노버의 조피 샤를로테(Sophie Charlotte von Hannover, 1668~1705)가 태어났다. 재원으로 소문난 팔츠의 조피는 딸에게 영재 교육을 시켰다.

1684년 10월 6일, 샤를로테는 브란덴부르크 선제후의 후계자 프리드리히의 두 번째 아내가 된다. 이듬해 장남이 탄생하지만 요절하고 만다. 왕자의 죽음은 자신의 아이를 후계자로 삼으려는 프리드리히의 의붓어머니에 의한 독살이라는 소문이 돌았다. 이후 유산과 시동생의 돌연사를 겪고 신변의 위험을 느낀 부부는 요양을 핑계로 샤를로테의 외가 쪽 조부가 있는 체코 카를로비 바리로 피신한다. 프리드리히의 국외 이주가 문제시되었지만 1688년 5월 시아버지가 서거했을 때는 많은 신하들이 그를 지지했다. 남편은 프

하노버의 조피 샤를로테. (1883년)

리드리히 3세로 즉위했다.

그해, 차남 프리드리히 빌헬름(1688~1740)이 태어났다. 아이의 안전을 위해 샤를로테는 어머니에게 아들의 양육을 맡겼다. 1692년, 그녀는 베를린으로 돌아온 아들의 교육을 위해 학창 시절의 친구들을 불러 모았다. 그들과 함께 샤를로테는 '할레대학교', '예술협회', '왕립과학협회', '제힉협회'를 설립해 국가에 공헌한다. 하지만 운명은 알 수 없는 것이다. 면학에 흥미를 보이지 않는 왕자 프리드리히는 이상적인 아들과는 거리가 멀었다. 그러던 때, 지인의 딸 안스바흐의 캐롤라인이 부모가 세상을 떠난 후 친척에게 냉대받는다는 것을 알게 되면서 그녀의 후견인이 된다.

너무 이른 죽음

1699년, 프리드리히 3세가 그녀를 위해 건설한 여름 별궁인 리첸부르크 궁전이 완성되었다. 동양 자기 3,000여 점으로 장식된 '자기의 방'은 유럽의 주목을 받았다. 하지만 교양 없는 남편의 정부들의 출입을 금하면서 부부는 별거 생활을 하게 된다.

정치적 야심에 불타던 프리드리히 3세는 스페인 계승 문제에 대해 오스트리아 편에 선다는 조건으로 1700년 프로이센의 국왕으로 즉위한다.

왕비가 된 샤를로테는 캐롤라인을 리첸부르크 궁전으로 불러 교육을 시켰다. 그녀는 캐롤라인을 차기 영국 왕의 지위가 보장된 오빠의 장남 게오르크 아우구스트와 결혼시킬 계획이었다.

1705년 1월 12일, 친가 하노버로 가던 샤를로테는 고열로 자리에

샤를로텐부르크 궁전. 궁전 내부는 샤를로테가 사랑한 수많은 동양 자기로 장식되어 있다.

누워 2월 1일 그대로 세상을 떠났다. 온 나라가 슬픔에 휩싸인 가운데 6월에 성대한 국장이 거행되었다. 친분이 깊던 철학자 라이프니츠는 서거한 왕비에 대해 다음과 같이 평가했다. '왕비는 놀라운 학식의 소유자로, 심원한 매사에 관해서도 옳은 결론을 내릴 수 있었다. 또한 남다른 지식욕을 가지고 있었다. 우리는 다양한 주제에 대해 유의미한 대화를 나누었다.'

그녀의 바람대로 그해 9월 게오르크와 캐롤라인이 결혼했다. 리첸부르크 궁전은 '샤를로텐부르크 궁전'으로 개명되었다. 젊은 나이에 세상을 떠난 샤를로테의 지성은 후에 영국 왕비가 된 캐롤라인에게 계승되어 영국의 발전을 이끌었다.

이야기 8
안스바흐의 캐롤라인
Caroline of Ansbach
1683~1737

미래의 영국 왕비

1727년 10월 22일, 런던의 웨스트민스터 사원에서 조지 2세와 왕비 안스바흐의 캐롤라인(Caroline of Ansbach, 1683~1737)의 대관식이 시작되고 있었다. 30년 전의 만남이 없었다면 이런 날은 오지 않았을 것이다. 왕비가 된 자신의 모습을 보여주고 싶었던 두 여성은 이미 세상을 떠난 후였다. 그녀들의 은혜에 보답하기 위해서는 남편을 보필하는 훌륭한 왕비가 되는 것뿐이다. 캐롤라인의 결의는 더욱 강고해졌다.

1683년 3월 1일, 캐롤라인은 브란덴부르크 안스바흐 변경백 요한 프리드리히(1654~86)와 두 번째 아내 작센 아이젠바흐의 엘레오노르(1662~96) 사이에서 태어났다. 세 살 때 아버지가, 열세 살 때에는 작센 선제후와 재혼한 어머니가 그녀와 남동생을 남겨두고 세

QUEEN-CONSORT OF KING GEORGE II.: CAROLINE WILHELMINA OF
BRANDENBURG-ANSBACH (1683-1737) AS PRINCESS OF WALES—A PORTRAIT
BY AN ARTIST UNKNOWN.

조지 2세비 캐롤라인 (Godfrey Kneller, The Illustrated London News Coronation Week
Double Number, 1937년 5월 8일)

상을 떠났다. 고아가 된 아이들은 안스바흐의 이복형제들과 지내면서 제대로 된 교육을 받지 못했다.

구원의 손길을 내민 것은 어머니의 지인이었던 브란덴부르크 선제후 프리드리히 3세의 왕비 하노버의 조피 샤를로테였다. 여성 교육에 힘을 쏟았던 샤를로테는 캐롤라인의 처지를 동정해 남편에게 그녀의 후견인이 되도록 권유했다. 1697년, 캐롤라인은 베를린 궁정에 초청받았다. 글을 읽고 쓰는 것도 서툴렀던 그녀는 자신을 보호해준 샤를로테에게 보답하기 위해 면학에 힘썼다.

지성미 넘치는 여성으로 성장한 캐롤라인의 평판이 각국에 퍼지면서 오스트리아 대공과의 혼담이 들어왔다. 하지만 가톨릭으로의 개종을 거부하면서 성사되지 못했다. 대신 샤를로테의 어머니 하노버 선제후비 팔츠의 조피가 손자인 조지(독일명 게오르크) 아우구스트와의 결혼을 제안했다. 조지는 어릴 때 밀통의 죄로 유폐된 어머니와 헤어져 할머니 곁에서 자랐다. 혼담이 오가던 1705년 샤를로테가 서른여섯의 나이에 갑작스럽게 세상을 떠난다. 캐롤라인의 충격은 이루 말할 수 없었다.

조지와 캐롤라인은 안스바흐의 여름 별궁에서 대면한다. 한눈에 캐롤라인이 마음에 든 조지는 할머니에게 '다른 사람은 생각할 수 없다'고 알렸다. 같은 해 8월 22일, 두 사람은 하노버 헤렌하우젠 궁전의 예배당에서 결혼했다. 1707년에는 장남 프레더릭 루이스(1707~51)가 태어났다.

신혼 초, 캐롤라인이 천연두에 걸렸을 때에는 조지가 직접 아내를 간병하다 자신도 천연두에 걸려 주위를 놀라게 했다. 기적적으로 회복한 두 사람의 부부로서의 유대는 더욱 돈독해졌다. 그 후, 2남 5녀가 탄생했다. 조지는 조피의 혈통으로 장래 영국의 왕위를 계승할 가능성이 높았다. 미래의 영국 왕비에 걸맞은 교양을 쌓기 위한 조피의 교육은 계속되었다.

1714년, 조피가 세상을 떠났다. 그녀는 캐롤라인과 산책하던 중 쓰러져 그대로 세상을 떠나고 말았다. 8월에 영국 여왕 앤이 서거하면서 시아버지가 영국 왕 조지 1세로 즉위했다. 운명은 움직이기 시작했다. 9월, 조지 1세와 남편 조지는 먼저 영국으로 떠났다. 영국에 도착한 남편은 웨일스 공(Prince of Wales)과 체스터 백작으로 봉해졌다. 아이들과 함께 남편의 뒤를 따라 영국으로 가기로 한 캐롤라인은 스튜어트 왕가를 지지하는 세력의 폭동과 습격을 우려해 왕위 계승 순위 2위인 장남 프레더릭을 하노버에 남겨두기로 한다. 일곱 살이던 아들은 숙부 곁에서 자라게 되는데, 이 일이 부자 관계에 큰 화근을 남기게 된다.

10월 11일, 두고 온 아들을 걱정하며 캐롤라인은 엄중한 경계 태세 속에서 세 딸과 함께 영국에 상륙한다. 앞서 도착한 시아버지와 남편이 영국 국민의 냉대를 받았다는 소식을 듣고 불안한 마음을 누를 길이 없었다. 하지만 그녀를 맞이한 것은 '왕세자비 캐롤라인'을 연호하는 군중들의 함성이었다. 영국 왕실이 22년 만에 외국에서 맞이한 왕세자비였다는 점 그리고 캐롤라인의 단정한 용모와 유창한 영어 실력이 국민에게 호감을 준 것이었다.

영국의 발전에 기여

1714년 10월 20일, 캐롤라인의 시아버지 조지 1세가 웨스트민스터 사원에서 대관했다. 조지 1세가 왕비를 맞지 않았기 때문에 캐롤라인은 궁정의 여주인 역할을 하게 되었다. 한편, 어릴 때 어머니와 헤어진 남편 조지는 아버지에게 강한 반발심을 가지고 있었다. 국왕과 왕세자의 부자 관계는 국정에도 악영향을 끼쳤다.

차남의 세례식에서는 국왕이 마음대로 남편이 싫어하는 신하를 대부로 임명했다. 격분한 남편 조지가 그 신하에게 주먹을 휘둘러 식장에서 쫓아내는 소동이 일어났다. 국왕은 조지와 캐롤라인을 교외에 있는 레스터 하우스로 쫓아냈다. 네 아이들과의 동거가 금지되었으며, 차남은 부모와 헤어진 채 생후 3개월 만에 요절한다. 세간에는 왕세자 부부가 레스터 하우스에서 국왕에 대한 음모를 꾸미고 있다는 소문이 나돌 지경이었다. 캐롤라인은 총리인 로버트 월폴(1676~1745)의 힘을 빌려 부자 관계를 회복시키기 위해 애썼다. 노력한 보람이 있었는지 두 사람은 주위의 눈이 있을 때는 다투지 않게 되었다.

1727년 6월 11일, 국민의 신임이 깊지 않던 조지 1세의 치세가 막

켄싱턴 궁전의 오랑주리를 방문한 조지 2세와 캐롤라인. (The Graphic, 1901년 1월 19일)

을 내렸다. 남편은 영국 왕 조지 2세가 되었으며, 하노버에 두고 온 장남 프레더릭은 왕세자가 되었다. 왕비로서의 시련은 대관식에서부터 시작되었다. 시아버지는 앤 여왕이 남긴 의상과 보석 대부분을 정부에게 주었다. 캐롤라인이 대관식 때 착용한 200만 파운드에 이르는 호화로운 의상과 보석은 대부분 새 왕비를 동정한 부유한 귀족과 보석상으로부터 빌린 것이었다. 하지만 좋은 점도 있었다. 즉위를 계기로 자식들을 되찾을 수 있었다. 아이들은 후에 큐 궁전이 된 런던 남서부 큐에 있는 더치 하우스로 거처를 옮겼다.

왕세자비 시절부터 캐롤라인의 지성을 신뢰하던 월폴은 나라의 평화를 위해서는 호전적이고 단순한 조지 2세를 억제할 수 있는 왕비의 힘이 필요하다고 여겼다. 캐롤라인은 영국 사정에 어둡고 사려가 부족한 남편의 철저한 조언자가 되기로 결심한다. 그런 사정을 꿰뚫어 본 국민들 사이에서는 왕을 비웃고 왕비를 칭송하는 노래가 나돌았다.

학문과 예술에도 조예가 깊었던 캐롤라인은 하노버 시절부터 친분이 있던 음악가 조지 프레더릭 헨델을 지원했다. 대관식에서는 헨델이 작곡한 '대관식 찬가(Coronation Anthems)'가 연주되었으며, 그중 한 곡인 '사제 사독(Zadok The Priest)'은 전통적인 대관식 찬가가 되었다. 그녀는 과학에 대해서도 진보적인 사고방식을 가지고 있었다. 영국으로 이주한 후로도 라이프니츠와 계속 교류했으며, 물리학자 아이작 뉴턴(1642~1727)과도 친분을 맺었다.

캐롤라인은 자신도 앓은 적이 있는 천연두에 대해서도 지식을 쌓고 종두법의 필요성도 이해했다. 1722년, 임상 시험을 마친 백신을 왕자와 공주에게 접종하도록 허가해 국민에게 그 안전성을 널리 알리는 데 공헌했다. 프랑스 계몽사상의 선구자 볼테르(1694~1778)는 자신의 저서 『철학 편지』에서 종두법에 대한 캐롤라인의 공적을 칭송했다.

정원 가꾸기에도 깊은 지식을 가지고 있던 캐롤라인은 리치먼드 로지, 켄싱턴 궁전, 햄프턴 코트 궁전에 장대한 풍경식 정원을 조성하는 작업을 설계하기도 했다.

아들과의 불화

아내가 영국의 발전을 위해 애쓰는 중에도 조지 2세는 영국에 애착을 갖지 못하고 왕세자 시절 아버지로부터 금지당했던 하노버로의 귀국을 고대하게 된다. 왕은 캐롤라인에게 섭정을 맡기고 자주(1729년, 1732년, 1735년, 1736~37년) 하노버로 귀국해 영국을 비웠다.

조지 2세는 아버지를 닮아 호색가였다. 조지 2세의 정부는 캐롤라인의 침실 여관을 필두로 딸의 가정교사뿐 아니라 심지어 하노버에도 있었다. 캐롤라인은 그들에게도 관용을 베풀어 왕궁에 처소를 마련하고 단속하는 역할을 맡았다. 사욕을 채우느라 바쁜 남편을 대신해 스페인과의 전쟁을 종결하기 위한 세비야 조약의 체결, 영국 형법 개혁 등에도 공헌한다.

그러나 왕비의 섭정은 성인이 된 왕세자 프레더릭의 반발을 사게 된다. 1728년, 프레더릭은 왕세자로서 영국에 상륙했다. 14년간 부모와 떨어져 외롭게 지낸 그는 여자와 도박에 빠졌을 뿐 아니라 부모에 대한 증오심을 품고 있었다. 하노버에서의 공식 행사에 아버지의 대리로 참석해왔던 만큼 국정 수행에 자신이 있었던 그는 자신을 제쳐두고 어머니가 섭정에 임명된 것이 못마땅했다. 그는 부모가 깊이 신뢰하는 월폴에 대해 적대적인 입장을 취하고, 국고를 낭비하거나 부모의 생활을 폭로하는 책까지 출간했다. 유능한 캐롤라인에게 '괴물'이라고까지 불린 왕세자의 소행은 부부의 커다란 골칫거리였다.

국민의 신뢰를 한 몸에 받던 캐롤라인은 1724년 마지막 출산 이후, 제헤르니아(臍hernia, 복부 탈장)로 고통받고 있었다. 1736년, 골칫거리였던 아들을 작센고타 알텐부르크 공국의 작센고타의 아우구스타(1719~1772)와 결혼시켰지만 행실은 여전했다. 가을 이후 몸 상태가 점점 나빠지던 그녀는 헤르니아 파열로 자신의 죽음이 가까워졌음을 느꼈다. 캐롤라인은 남편에게 자신이 죽으면 재혼하도록 권했다. 남편은 "정부는 만들어도 재혼은 하지 않겠다"고 대답했다. 남편다운 말이었다. 아들의 약혼자를 찾으러 간 곳에서도 정부를 만들었던 사람이다. 정부를 두더라도 왕비는 캐롤라인 한 명뿐이라는, 그로서는 최대의 애정 표현이었는지도 모른다.

고통과 싸우면서도 캐롤라인은 마지막까지 의연한 모습을 보였다. 1737년 11월 20일, 캐롤라인은 세인트 제임스 궁전에서 54세를 일기로 세상을 떠났다. '저 괴물을 다시 보지 않아도 된다니 그나마 위안이 된다.' 눈 감기 전 캐롤라인이 한 이 말에는 아들에 대한 체념, 아들을 하노버에 두고 온 것에 대한 후회가 담겨 있었다.

12월 17일, 웨스트민스터 사원에서 거행된 장례식에 아들 프레더릭은 초대받지 못했다. 헨델은 캐롤라인을 애도하며 장송 찬미가 '슬픔에 가득 찬 시온의 길'을 작곡한다. 왕비의 서거를 슬퍼한 국민들은 그녀를 '빼어난 용기와 식견을 갖춘 여성', '현명한 부인'으로 칭송하며 한동안 트럼프 게임을 할 때 퀸 카드를 빼놓는 식으로 조의를 표했다고 한다.

조지 2세는 캐롤라인이 세상을 떠난 후, 약속대로 재혼하지 않고 23년간 통치를 이어갔다. 1751년 아들 프레더릭이 조지 2세보다 먼저 세상을 떠났다. 1760년, 조지 2세의 유해는 그의 유언에 따라 캐롤라인 옆에 나란히 안치되었다. 천국에 있는 조피와 샤를로테도 만족했을 것이다.

마블 힐 하우스

　런던 자치구 트윅커넘에 있는 마블 힐 하우스((Marble Hill House)는 조지 2세의 정부 서퍽 백작 부인 헨리에타 하워드(1689~1767)가 살던 저택이었다. 1706년 헨리에타는 제9대 서퍽 백작이 된 찰스 하워드(1675~1733)와 결혼하지만 결혼 생활은 불행했다.

　1714년, 부부는 하노버를 방문해 미래의 영국 왕 조지 1세를 알현한다. 헨리에타는 그의 아들 조지를 만나 그의 정부가 된다. 왕세자가 된 조지는 그녀를 왕세자비 캐롤라인의 침실 여관으로 임명했다. 지성이 풍부한 헨리에타가 마음에 들었던 왕세자비는 그녀를 존중해주었다. 헨리에타도 왕세자비에게 경의를 가지고 도를 넘는 행동은 하지 않았다. 두 사람의 관계는 왕세자 조지가 왕이 된 후에도 계속되었다. 그사이 별거했던 남편도 세상을 떠났다.

　1734년, 조지 2세의 총애가 다른 정부에게로 옮겨가자 그녀는 20

마블 힐 하우스. 견학할 수 있는 관광 코스도 있다.

년에 걸친 애첩의 자리에서 물러난다. 왕비는 헨리에타에게 정당한 연금을 지급하도록 왕에게 조언한다. 그 연금으로 템스 강가에 땅을 사들인 그녀는 마블 힐 하우스를 건설했다.

저택에는 당시의 가구와 회화 작품 그리고 유행하던 시누아즈리 컬렉션이 보관되어 있다. 헨리에타는 매일 아침 블루&화이트 다기에 차를 마시는 티타임을 즐겼다고 한다. 아름다운 중국 다기에 담긴 차가 그녀의 마음을 위로했을 것이다.

이야기 9
작센고타의 아우구스타
Augusta of Saxe-Gotha
1719~72

무지한 신부

"아버지가 정한 여성이라면 누구든 받아들이겠다"며 왕세자 프레더릭 루이스는 의회에 결혼에 따른 연금 증액을 요구했다. 사이가 좋지 않은 아버지와 결별하려면 경제적 자립이 필요했다. 그렇게 맞은 신부는 작센고타 알텐부르크 공작 프리드리히 2세(1676~1732)의 열일곱 번째 딸 아우구스타(Augusta of Saxe-Gotha, 1719~72)였다.

결혼 후에도 부모에 대한 프레더릭의 반발은 여전했다. 1737년 아우구스타가 첫아이를 임신했을 때에도 그는 부모에게 출산 예정일을 거짓으로 알렸다. 왕실의 전통에 따라 왕비가 출산에 입회하는 것을 막기 위해 한밤중 햄프턴 코트 궁전에서 진통 중인 아우구스타를 침대도 제대로 마련되지 않은 세인트 제임스 궁전으로 무리하게 이동시킬 정도였다. 결국 아우구스타는 첫아이를 식탁보

왕세자비 작센고타의 아우구스타. (1850년판)

위에서 출산하게 된다. 이 사건 이후, 그는 왕비와 절연하게 된다.

친정에서는 자녀 아홉을 키워야 했다. 금전적인 사정 때문에 막내딸 아우구스타는 제대로 된 교육도 받지 못했다. 무지한 아우구스타는 영어는 물론 프랑스어도 하지 못했으며 인형놀이가 유일한 취미였다. 남편은 정신적으로 미성숙한 아우구스타를 함부로 대하고, 정부를 아내의 침실 여관으로 두는 등 역대 왕들과 같은 횡포함을 보였다. 하지만 그녀의 순종적인 모습에 그의 행실도 차츰 부드러워졌다. 두 사람은 아홉 명의 자녀를 낳아 큐 궁전에서 양육했다.

왕비가 세상을 떠난 후인 1745년, 남편은 아버지 조지 2세와 화해했다. 아우구스타는 사교계에 진출했다. 남편의 할아버지 조지 1세와 아버지 조지 2세 모두 영어를 잘하지 못하고 영국 정치에 대한 관심도 적었기 때문에 국정은 의회를 중심으로 이루어졌다. 이를 못마땅하게 여긴 남편은 국왕을 중심으로 한 정치 체제로의 변혁, 계몽전제 군주제를 지향했다. 자녀들도 그런 사고방식을 바탕으로 교육했다. 1746년, 프레더릭은 같은 뜻을 가진 스코틀랜드 귀족 뷰트 백작 존 스튜어트(1713~92)와 의기투합한다. 그는 침실 시종에 임명되었다.

장남 조지 윌리엄 프레더릭(1738~1820)은 더욱 철저한 교육을 받았다. 여덟 살 때 영어와 독일어를 읽고 쓸 수 있었으며, 당시의 정치 사건에도 의견을 말할 수 있는 영리한 아이였다. 조지는 훗날 과학을 계통적으로 공부한 최초의 영국 왕이 된다. 아우구스타도 아이들에 뒤지지 않도록 남편과 뷰트 백작으로부터 교육을 받았다.

평화로운 일상은 1751년 갑작스럽게 무너졌다. 감기에 걸린 프레더릭이 폐색전증을 일으켜 3월 31일 레스터 하우스에서 돌연 세상을 떠난 것이다. 마흔넷의 나이였다. 아우구스타는 아홉 번째 아이를 임신한 상태였다. 시아버지 조지 2세는 아들의 죽음에 무관심했다. 왕세자라고는 생각할 수 없을 만큼 간소한 장례식이 거행되었다. 7월에는 유복자인 4녀 캐롤라인 마틸다(1751~75)가 태어났다.

프레더릭이 급서하면서 가장 큰 변화가 생긴 것은 장남인 조지였다. 그는 열세 살에 웨일스 공으로 봉해졌다. 아우구스타는 남편이 신뢰했던 뷰트 백작에게 왕세자 조지의 교육을 일임하고 큐 궁전 출입을 허가한다.

1756년 봄, 열여덟 살이 되는 조지의 생일이 다가오자 시아버지 조지 2세는 세인트 제임스 궁전에서 성대한 식전을 개최해 그를 궁정으로 불러들였다. 하지만 아우구스타는 조지의 식전 참가를 거절했다. 아들을 궁정에 빼앗기고 싶지 않았던 것이다. 이 일로 시아버지와 사이에 또다시 갈등의 골이 깊어졌다.

궁정인들 사이에서는 사저에 틀어박혀 사교계에 나오지 않게 된 아우구스타에 대한 비판이 일었다. 소문은 점점 부풀려져 뷰트 백작과 아우구스타가 애인 관계라는 추문까지 돌았다. 스코틀랜드 출신의 뷰트 백작은 영국인들로부터 차별을 받고 있었다. 또 조지 2세의 외교를 '하노버에 편중되었다'고 비판한 일로 궁정에서도 냉대를 받았다.

왕대비가 된 아우구스타

1760년, 조지 2세가 76세를 일기로 영면하면서 아들이 조지 3세로 왕위를 계승했다. 아우구스타는 마흔한 살에 왕대비가 되었다. 즉위 후, 조지 3세가 된 아들은 연설에서 "이 나라에서 태어나 교육을 받은 나는 영국인이라는 것을 자랑스럽게 여긴다"고 말했다. 남편이 들었다면 얼마나 기뻐했을까.

왕이 된 아들은 아우구스타가 자신의 아내 즉, 왕비의 일상에 간섭하는 것을 싫어했다. 신혼 초에는 왕비의 침실 여관으로 자신의 심복을 임명하기도 했지만 이내 관두고 점차 며느리와 거리를 두게 되었다. 아들은 왕세자 시절과 변함없이 뷰트 백작을 총신으로 중용하고 그를 총리에 임명했다. 아버지의 유지를 잇는 결단이었지만 주위에서는 아우구스타와 뷰트 백작이 젊은 왕을 좌지우지한다며 비판했다. 워낙 인기가 없다 보니 뷰트 백작의 내각 통제력은 날이 갈수록 약해져 결국 사직할 수밖에 없었다.

1765년, 아들이 정신장애를 일으켰을 때 아우구스타는 더 이상의 비판을 피하기 위해 그 사실을 숨겼다. 그해에 섭정 법안이 제정되어 국왕이 영구히 통치할 수 없게 된 경우 아내가 섭정이 된다고 정해졌기 때문이다. 하지만 왕의 병세는 눈 깜짝할 새 의회에 알려져 아우구스타는 더 큰 비판을 받았다.

아우구스타는 궁정과 거리를 두고 남편이 좋아한 큐 궁전의 정원 확장에 열정을 쏟았다. 세간의 소문은 무시했다. 반론하는 것도 무의미했다. 식물은 정성을 쏟은 만큼 성장한다. 남편으로부터 교양을 익힌 과거의 자신처럼 정원 꾸미기는 평생의 즐거움이 되었다.

유일한 걱정은 1766년 사촌인 덴마크의 크리스티안 7세(1749~1808)와 결혼한 막내딸 캐롤라인 마틸다였다. 딸은 남편과의 불화를 겪다 주치의와 애인 관계가 된 듯했다. 1770년 1월, 아우구스타는 장녀를 방문한다는 명목으로

만년의 아우구스타는 정원 꾸미기에 열정을 쏟았다.

아우구스타 시대에 세워진 큐 가든의 명물 탑.

독일로 건너가 브라운슈바이크에서 캐롤라인을 만났다. 어머니의 걱정에도 딸은 귀를 기울이지 않았다. 1772년 1월, 걱정이 현실이 되어 쿠데타가 일어나고 딸이 체포되었다. 혼인을 취소당한 그녀는 아이들과 헤어져 크론보르성에 감금되었다.

  이 무렵부터 아우구스타는 인두(咽頭)의 이상을 느꼈다. 인두암이었다. 딸 문제도 있어 가족에게는 병을 숨겼다. 하지만 어머니의 죽음이 가까워졌다는 것을 느낀 조지 3세는 바쁜 와중에도 매주 한 번씩 아내와 함께 아우구스타를 찾아와 시간을 보냈다. 이렇게 따뜻한 아이라면 여동생도 곤경에서 구해줄 것이다.

  1772년 2월 8일, 아우구스타는 런던의 칼튼 하우스에서 52세를 일기로 영면했다. 행복한 인생이었다.

  하지만 아우구스타에 대한 세간의 평가는 예전 그대로였다. 사저에 틀어박혀, 총신과 결탁해 왕세자를 좌지우지하는 악덕한 미망인. 장례식에는 구경꾼들이 몰려들었다. 묘지로 향하는 내내 아우구스타를 모욕하는 말들이 난무했다. 그녀의 명예는 훗날 아들 부부가 그녀가 정성껏 가꾼 큐 가든을 확장해 왕립 식물원으로 만들면서 회복되었다. 아우구스타의 유해는 조지 3세에 의해 웨스트민스터 사원에 안치된 남편 프레더릭 옆에 매장되었다.

이야기 10
메클렌부르크슈트렐리츠의 샤를로테
Charlotte of Mecklenburg-Strelitz
1744~1818

겸허하고 조신한 샤를로테

혼사에 관한 할아버지와 어머니의 성화에 진력이 난 영국의 조지 3세, 조지 윌리엄 프레더릭은 직접 왕비에 걸맞은 여성을 선택하겠다며 신뢰하는 가신에게 신붓감 물색을 의뢰한다. 가신이 찾아낸 여성이 메클렌부르크슈트렐리츠 공자(公子) 카를 루트비히(1708~52)의 막내딸 샤를로테(Charlotte of Mecklenburg-Strelitz, 1744~1818)였다. 메클렌부르크슈트렐리츠는 메클렌부르크슈베린에서 막 독립한 독일 북부의 소국이었다. 공자 카를은 샤를로테가 여덟 살 때 세상을 떠났다. 아직 미성년이었던 오빠는 영국 왕 조지 2세의 지지를 받아 섭정을 맡은 어머니와 함께 공국을 다스렸다. 신성로마제국에서는 여성의 교육이 진보했지만 이런 상황에서 막내딸 샤를로테에게 주어진 것은 극히 일반적인 교육뿐이었다.

지극히 평범한 그녀를 왕비에 걸맞은 인물로 여긴 이유가 무엇일

샤를로테 왕비와 손녀 샤를로테 공주의 초상화. (Benjamin West, 1778년판)

까. 그것은 그녀가 재원이 아니었기 때문이다. 박학했던 아버지의 교육으로 지성을 쌓은 조지 3세의 어머니 아우구스타는 정치 문제에 일일이 간섭하려 들었다. 조지 3세는 그런 간섭이 성가셨던 것이다.

1761년 8월 17일, 고국을 떠난 샤를로테는 세 번의 폭풍우를 뚫고 9월 7일 영국에 상륙했다. 다음 날인 8일 대면한 두 사람은 6시간 후, 세인트 제임스 궁전에서 결혼식을 올린다. 조지 3세는 식을 올린 후 아내에게 '정치에 간섭하지 말 것'을 당부했다. 원래 겸손하고 조신한 성격이었던 샤를로테는 왕의 말에 순종했다. 익숙지 않은 영어 때문에 고생하면서도 궁정에 적응하려고 노력하는 그녀를 조지 3세도 사랑스럽게 여긴다. 9월 22일, 두 사람은 나란히 대관했다.

원만한 가정

가정생활은 원만했다. 결혼 후 1년도 채 되지 않은 1762년 8월 샤를로테는 아들 웨일스 공 조지(1762~1830)를 출산한다. 온 나라가 기쁨에 휩싸였다. 그 뒤로 8남 6녀를 얻어 둘만 빼고 모두 장성했다. 신혼 초에는 시어머니 아우구스타의 위압도 있었지만 남편의 배려였는지 공무를 보던 세인트 제임스 궁전과 별개로 버킹엄 하우스를 사저로 두어 공사를 구분했다. 조지 3세는 역대 왕들과 달리 정부를 두지 않았으며 샤를로테를 존중했다. 버킹엄 하우스는 왕비에 대한 왕의 사랑을 나타내듯 '퀸즈 하우스'라고 불렸다.

조지 3세는 전원생활을 좋아하고 승마를 즐겼다. 그는 자신이 가꾼 큐 가든과 숲이 우거진 리치먼드 저택에서의 생활에 비중을 두고 싶어 했다. 궁정 파티를 기대했던 일부 귀족들은 소박한 국왕 부부의 생활에 실망한다. 조지 3세는 자녀들을 자신의 어린 시절과 같이 궁정에서 멀리 떨어진 교외의 큐 궁전에서 키우며 휴가 때마다 큐를 방문해 아이들의 성장을 지켜보았다.

QUEEN-CONSORT OF GEORGE III. : CHARLOTTE SOPHIA OF MECKLENBURG-STRELITZ (1744-1818) IN CORONATION ROBES—A PORTRAIT FROM THE STUDIO OF ALLAN RAMSAY.

대관식 로브를 걸친 조지 3세비 샤를로테. (Allan Ramsay, The Illustrated London News Coronation Week Double Number, 1937년 5월 8일)

처음 왕위에 올랐을 때는 왕세자 시절 서거한 아버지의 유지를 계승해 국왕이 주도하는 정치를 회복하기 위해 애썼지만, 복심인 뷰트 백작이 총리직에서 물러나고 자유주의를 주장하는 휘그당에 정권을 빼앗긴 후로는 난관에 봉착하는 일이 잦아졌다.

그러던 중, 향후 국왕 부부를 시련에 빠지게 하는 조지 3세의 병의 전조가 나타난다. 온화했던 남편이 다른 사람이 된 것처럼 소리치거나 난폭해지는 정신 장애 발작을 일으킨 것이다. 왕대비 아우구스타는 아들의 상태를 샤를로테에게 숨기려고 했다. 그녀가 섭정이 되면 자신의 입장이 어려워질 것을 우려한 것이다. 하지만 국왕의 병세는 금방 드러났다. 당시 3남을 임신 중이었던 샤를로테는 남편의 표변에 할 말을 잃었다. 왕비에게까지 폭력적인 행위를 해 침실을 따로 분리해야 할 정도였다. 그럼에도 그녀의 헌신적인 간호 덕분에 조지 3세는 건강을 회복했다. 병을 계기로 남편은 이전만큼 정치 문제에 열의를 보이지 않게 되었다. 대신 '로열 아카데미 오브 아트' 설립, '왕의 천문대' 건설 등 다른 형태로 국가에 공헌한다.

'왕실 결혼령'의 반포

1770년, 조지 3세를 괴롭힌 큰 사건이 일어난다. 동생인 컴벌랜드 공작 헨리 프레더릭(1745~90)이 이중 결혼 스캔들로 세간의 큰 비판을 받은 것이다. 왕실의 명예를 회복하기 위해 조지 3세는 스물

조지 4세를 안은 샤를로테 왕비.

다섯 살 미만 왕족의 결혼에는 국왕의 허가가 필요하다는 '왕실 결혼령'을 반포했다. 그런데 이번에는 덴마크 왕실로 시집간 막내 여동생 캐롤라인 마틸다가 스캔들을 일으켰다. 심지어 국왕의 주치의와 사랑에 빠져 혼외자까지 낳고 체포된 것이다. 잇따른 스캔들에 왕실의 지지율은 하락했다. 조지 3세는 여동생이 영국으로 돌아오는 것은 국민감정을 거스르는 일이라며 하노버에 머물게 했다. 어려운 상황 속에서도 어떻게든 남편을 보호하고 싶었던 샤를로테는 큐 궁전 부지에 '퀸 샤를로테 코티지'를 지어 가족과 함께 시간을 보냈다.

　음악을 사랑한 왕비는 바흐(1685~1750)의 아들 요한 크리스티안 바흐(1735~82)를 왕실 음악 교사로 초청했다. 1764년 5월에는 볼프강 아마데우스 모차르트(1756~91)를 버킹엄 하우스에 초청했다. 여덟 살이었던 모차르트는 샤를로테가 부르는 아리아에 즉석에서 반주를 만들어 붙였다. 최고의 공연이었다. 모차르트는 1년간 머물면서 왕비에게 '런던 소나타'를 헌상했으며, 당시 유행하던 티 가든에서 연주회를 열기도 했다.

보스턴 티 파티 사건

　1773년, 북미에서는 보스턴 티 파티 사건이 일어났다. 이를 계기로 미국의 13개 식민지가 영국에 반발했다. 프랑스, 스페인, 네덜란드가 미국 측에 서고 영국군은 각지에서 고전과 패전을 거듭한다. 영국은 유럽 내의 주요 동맹국을 잃게 된다. 이런 상황은 샤를로테에게도 영향을 미쳤다. 딸들의 결혼 상대를 찾기 힘들어진 것이다. 왕가의 공주는 왕가로 시집가는 것이 통례였다. 왕족이 아닌 상대와 결혼하면 신분이 하락한다.

1783년 9월, 장기화된 미국 독립전쟁이 파리조약에 의해 종결되었다. 조지 3세는 광대한 식민지를 잃은 왕이라는 불명예를 안게 된다. 큰 충격을 받으면서 병세가 점차 악화되었다. 정권은 왕당파인 토리당으로 넘어갔다. 재기 넘치는 소(小) 피트, 윌리엄 피트(1759~1806)가 20대에 총리로 취임하자 국왕 부부는 요양 생활을 결심한다. 1788년, 첼트넘에서 휴양했지만 증상은 악화되었다. 의회에서는 '섭정제'에 대한 논의가 오가게 된다.

악행을 일삼는 왕세자

검소·검약해서 화려한 궁정보다 전원생활을 즐긴 조지 3세와 샤를로테와는 반대로 성인이 되어 독립한 왕세자 조지는 그때까지 부모에 의해 금지되었던 악행을 일삼는다. 그는 여색과 도박에 빠져 돈을 물 쓰듯 썼다. 1785년 12월에는 첫눈에 반한 미망인과 부모의 허락도 없이 결혼식까지 올린다. 이 결혼은 '왕실 결혼령'에 의

FIRST MEETING OF GEORGE III. AND THE PRINCESS (AFTERWARDS QUEEN) CHARLOTTE.

조지 3세와 샤를로테 왕비의 첫 대면. (1873년판)

해 무효가 되었지만 왕세자는 늘 부모에 대해 반항적이었다. 왕세자의 빚이 국고의 절반 가까이까지 불어나자 국왕 부부는 상심했다. 샤를로테는 골칫거리인 왕세자에게 섭정을 맡기는 것에 반대했다. 그런 뜻을 밝히고자 1788년 조지 3세의 병이 회복된 것을 축하하는 콘서트에 왕세자 조지를 초대하지 않았다.

웨이머스에서 요양하던 조지 3세는 1792년 자신이 세상을 떠난 후 왕비와 미혼의 공주들이 곤란을 겪지 않도록 윈저 일각에 작은 별궁 프로그모어 하우스를 구입한다. 샤를로테는 이곳에 진귀한 식물을 모아놓은 아름다운 정원을 만들었다. 실내 인테리어도 '초화(草花)'를 테마로 식물화로 장식하거나 식물학 도서관을 설치하는 등 부부의 취미를 만끽할 수 있는 장소로 꾸몄다. 국민은 그런 국왕을 '파머 킹', 왕비는 '식물학과 미술의 보호자'로 부르며 경애했다.

큐의 별장과 프로그모어 하우스에서는 남들의 눈을 신경 쓰지 않고 지낼 수 있었다. 장대한 베르사유 궁전 한구석에 왕비를 위해 가꿔놓은 전원풍의 작은 마을로 도피한 프랑스 왕비 마리 앙투아네트(1755~93)의 마음도 공감할 수 있었다. 서신을 통해 교우했던 앙투아네트는 1789년 시작된 프랑스혁명 당시의 어려운 처지를 샤를로테에게 털어놓았다. 샤를로테는 프랑스 왕가의 인물이 영국으로 망명하면 도와주겠다고 답신했다. 1793년, 마리 앙투아네트가 처형되었을 때에는 평정심을 잃고 흐트러진 모습을 보였다고 한다.

1795년, 장남 조지는 국가가 빚을 떠안는 조건으로 결혼하지만 부부 생활은 이내 파경을 맞았다. 부부 사이에는 딸이 한 명 있었

자녀들을 큐 궁전에서 키웠다.

다. 아들 부부가 별거 생활에 들어가자 샤를로테는 어린 손녀를 곁에 두고 보호했다.

　장남뿐 아니라 아들들은 모두 부모의 뜻대로 자라지 않았다. 차남은 정부가 왕실을 사칭한 사기 행위를 벌인 것을 계기로 결혼하지만 자녀는 얻지 못했다. 3남은 열세 살에 여관 두 명을 유혹하고 여배우와 동거했다. 4남은 프랑스인 정부와 30년간 동거했으며, 심지어 5남은 강간 미수, 종복 살해를 저질러 세간을 전율케 했다. 6남은 여행지인 이탈리아에서 제멋대로 결혼… 기가 막힐 노릇이었다.

　딸들은 절반은 결혼하고 나머지는 미혼이었다. 걱정인 것은 막내딸 아멜리아였다. 선천적으로 몸이 약했던 아멜리아는 일곱 살 무렵부터 요양 생활을 하다 1810년에 스물일곱 살에 미혼인 상태로 세상을 떠났다. 국왕의 몸 상태와 병상의 공주로 말미암아 1809년의 재위 50주년 골든 주빌리 제전은 온전히 축하할 수 없는 상황이었다. 딸을 잃은 조지 3세는 크게 상심했다. 샤를로테의 헌신에도 불구하고 병세는 악화되기만 했다. 1811년, 샤를로테는 왕세자의 섭정 취임을 받아들였다. 그해 말, 조지 3세는 의사소통마저 불가능해져 윈저성에 유폐되다시피 했다.

샤를로테는 궁정을 섭정 왕세자에게 맡기고 큐 궁전으로 떠났지만 종종 윈저를 방문해 조지 3세를 만났다. 손녀가 커가는 모습을 보는 것이 유일한 즐거움이었다. 장성한 손녀는 1816년 좋아하는 상대를 만나 결혼했지만 이듬해 산욕으로 태어난 아이와 함께 세상을 떠난다. 오래 살다 보면 슬픈 일도 계속 찾아오는 법이다. 왕세자의 유일한 후계자가 세상을 떠나자 독신인 아들들은 왕위 계승을 두고 동요한다. 문제는 누구 한 사람 후계가 없었던 것이다.

1818년, 정식 결혼을 통해 적자를 얻기 위해 3남, 4남, 7남이 잇따라 결혼했다. 3남, 4남 때는 국가의 경비 삭감을 이유로 합동결혼식을 거행했다. 식장은 샤를로테가 지내고 있는 큐 궁전이었다. 아들의 결혼식에 참석한 이후 샤를로테의 건강이 악화된다. 어머니의 죽음이 가까워졌다는 것을 알자 섭정 왕세자 조지는 아이처럼 이성을 잃었다. 1818년 11월 17일, 샤를로테는 큐 궁전의 침실 팔걸이 의자에 앉아 섭정 왕세자의 손을 잡고 74년간의 인생을 마감한다.

샤를로테 왕비가 서거한 침실. 의자에 앉은 채 눈을 감았다.

　샤를로테의 유해는 윈저성에 있는 세인트 조지 예배당에 안치되었다. 조지 3세는 사랑하는 아내 샤를로테의 죽음을 이해하지 못한 채 뒤를 따르듯 1년 후 세상을 떠났다.

왕비와 도자기

1765년 6월, 샤를로테는 웨지우드 공방에서 개발한 흰색 도기인 크림 웨어를 주문했다. 이 소박한 그릇은 큐 궁전과 퀸 샤를로테 코티지 그리고 프로그모어 하우스 등 왕비의 사적인 식탁에서 사용하기에 안성맞춤이었다. 샤를로테는 이 크림 웨어에 '퀸즈 웨어'라는 특별한 명칭을 붙였다.

1788년, 샤를로테는 국왕과 함께 우스터에서 열린 음악제에 참석했다. 그리고 우스터 공방에 들러 티 세트와 디너 세트를 주문한다. 호화로운 궁정에 어울리는 그릇과 함께 중국 자기의 연꽃 문양이 디자인된 소박한 청화 자기 '블루 릴리'도 구입했다. 이 식기는

로열 우스터 공방의 '로열 릴리'. 아름다운 청화 문양이 특징인 작품이다.

후에 프로그모어 하우스의 식탁을 장식한다. 그 후에 이 문양은 왕
비에 대한 경의를 담아 '로열 릴리'로 불렸다.

샤를로테는 대중적인 동판화에도 관심을 갖고 화가 윌리엄 호가
스(1697~1764)의 동판 작품을 수집했다. 그녀의 컬렉션으로 찍어낸
프린트화는 샤를로테 코티지 벽면에 장식되어 있다. 코티지에 보
관된 동판 전사한 도기 티 세트는 그녀의 성품을 보여준다.

퀸 샤를로테 코티지.
당시에는 농장도 딸려 있
었다.

큐 궁전에 놓
인 웨지우드 공방
의 '퀸즈 웨어'.

큐 가든과 보태니컬 아트

18세기, 합리적인 사상과 과학적 근거를 바탕으로 문제를 해결하는 계몽 시대가 도래한다. 예술과 과학에 조예가 깊었던 샤를로테는 시어머니 아우구스타로부터 물려받은 큐 가든의 확장을 지원했다. 큐 가든은 국가의 연구기관으로서 성장한다. 샤를로테는 식물학자인 조지프 뱅크스(Joseph Banks, 1743~1820)에게 의뢰해 세계 각지의 진귀한 식물을 수집한다. 그리고 그것들을 기록하기 위해 식물 화가를 불러 정밀한 보태니컬 아트를 그리게 했다. 식물학과 수채화는 왕후 귀족이 배우는 교양의 하나로 자리 잡았다. 샤를로테도 딸들에게 보태니컬 아트를 배우게 했다.

보태니컬 아트는 도자기 문양의 패턴으로도 사용되었다. 조지 3세가 왕실 납품업자로 지정한 더비 공방과 우스터 공방에서는 보태니컬 아트를 모사한 작품이 다수 제조되었다. 차나무 역시 큐 가든의 연구 대상이었다. 차나무는 온실에서 정성껏 키워졌다. 의학 박사 존 코클리 렛섬(1744~1815)이 1772년 출간한 『차나무의 역사(The Natural History of the Tea-Tree)』에도 차의 보태니컬 아트가 실려 있다. 다양한 연구를 바탕으로, 차는 건강에 좋은 음료로 국민 생활에 침투한다. 샤를로테 역시 차를 사랑했다.

큐 가든 온실에는 세계 각지에서 채집된 식물이 자라고 있다.

차나무 '카멜리아 시넨시스'를 그린 보태니컬 아트.

이야기 11
캐롤라인 마틸다
Caroline Matilda
1751~75

궁정에서 고립된 캐롤라인 마틸다

캐롤라인 마틸다(Caroline Matilda, 1751~75)는 어린 두 아이들을 남기고 세상을 떠나는 것을 한탄했다. 요한 프리드리히 슈트루엔제(1737~72)와의 사랑을 후회하지는 않았다. 하지만 왕비로서 사랑을 택한 대가는 너무나 컸다.

1766년, 영국 왕 조지 3세의 여동생 마틸다는 새롭게 덴마크 왕이 된 사촌오빠 크리스티안 7세(1749~1808)와 결혼했다. 마틸다는 남편에 대한 기대감을 품고 있었다. 하지만 두 살 연상인 남편은 정신장애를 가진 데다 술에 빠져 고급 창부를 애첩으로 삼기까지 한인물이었다. 계몽사상이 발달한 영국과 달리 덴마크는 절대왕정이 뿌리 내린 구체제 국가였다. 궁정을 다스리던 왕대비는 젊은 왕비의 선진적인 사상을 못마땅하게 여겼다. 마틸다는 궁정에서 고립

크리스티안 7세와 마틸다 왕비

되었다.

1768년, 크리스티안 7세는 외유를 떠난 덴마크령 알토나에서 독일인 의사 슈트루엔제를 데려왔다. 의사가 마음에 든 남편은 반년에 걸친 프랑스, 영국, 하노버로의 외유에도 그를 데려갔다. 왕이 나라를 비운 사이 마틸다는 장남 프레더릭(1768~1839)을 출산했다. 귀국 후, 슈트루엔제는 국왕의 정식 주치의가 되었으며 대신으로도 기용되었다. 그는 계몽 정치에 깊은 관심을 보이며 덴마크 국정의 개량을 시도한다.

마틸다는 두뇌가 명석한 슈트루엔제에게 마음을 빼앗긴다. 1770년, 두 사람은 연인 관계가 된다. 1771년, 슈트루엔제는 궁내 대신으로 취임했다. 남편은 병세가 악화되어 무기력하고 무지한 상태였다. 두 사람의 밀회는 대담해졌다.

허락되지 않은 사랑

'영·유아 예방 접종(왕세자에게 천연두 백신 접종)', '죄인에 대한 고문 폐지', '대학 개방', '출판의 자유화', '검열제도 폐지', '고아원 설립' 등 국민을 위한 정책에 마틸다의 마음은 고양되지만 정작 국민들은 급속한 변화에 따라가지 못하면서 나라는 혼란에 빠졌다.

그해 여름, 마틸다는 장녀 루이제 아우구스타(1771~1843)를 출산했다. 아버지는 슈트루엔제가 분명했다. 11월, 슈트루엔제는 왕대비의 궁정 출입을 금했다.

왕대비는 권력을 되찾기 위해 구체제를 지지하는 귀족과 결탁해 1772년 1월 17일 쿠데타를 일으켰다. 슈트루엔제는 왕권 강탈의 죄로 체포되었다. 마틸다도 간통죄로 체포되어 크리스티안 7세와의 혼인이 취소되었다. 옥에 갇힌 그녀는 연인을 지키기 위해 끝까지 두 사람의 관계를 부인했다. 하지만 슈트루엔제는 목이 잘리고 몸이 찢기는 형벌에 처해졌다. 마틸다는 자녀들과 헤어져 하노버의 첼레성으로 국외 추방되었다. 크리스티안 7세는 명목상의 왕에 불과했으며, 1784년까지 국가는 왕대비가 통치했다.

마틸다 왕비가 체포되던 순간. (1872년판)

마틸다는 1775년 첼레성에서 성홍열에 걸려 세상을 떠났다. 스물세 살 때였다. 그녀의 유해는 첼레의 성 마리아 교회에 안치되었다. 기이하게도 이 교회에는 밀통의 죄로 유폐되었던 조지 1세의 전 왕비 첼레의 조피 도로테아도 안치되어 있었다.

장남 프레더릭의 두 자녀는 자손을 남기지 않았다. 덴마크 왕실에서 자란 장녀 루이제의 딸은 덴마크 왕비가 되었지만 후계자를 낳지 못했다. 하지만 루이제의 장남의 혈통은 오늘날 스웨덴 왕실에 이어지고 있다. 마틸다와 그녀의 연인의 혈맥이 오늘날까지 계승되고 있는 것이다.

첼레성

　첼레성은 브라운슈바이크 뤼네부르크 공작 가문의 성이다. 외간 남자를 사랑한 죄로 유폐된 조지 1세의 아내 첼레의 조피 도로테아는 이 성에서 태어났다. 오늘날 이 성의 내부는 브라운슈바이크 뤼네부르크 공작가의 역사 전시관으로 꾸며져 있다.

　불륜으로 덴마크에서 추방된 캐롤라인 마틸다의 생애도 소개되어 있다. 마틸다를 중심으로 남편인 덴마크 국왕 크리스티안 7세와 불륜 상대인 의사 슈트루엔제의 초상화가 나란히 걸려 있는 것이 인상적이다.

　영국인이라는 자부심을 가지고 있던 조지 3세는 60년의 통치 기간 내내 또 다른 통치 지역

캐롤라인 마틸다가 유폐되었던 첼레성.

조지 4세가 첼레성을 방문했을 때 만들어진 기념
자수.

인 하노버를 한 번도 방문하지 않았다. 조지 4세는 대관 후인 1821
년에 선왕의 방침에 반발하듯 하노버로 개선한다. 영민(領民)들은
조지 4세를 크게 환영했다. 첼레성에는 그때의 모습을 그린 대규모
회화 작품 등도 남아 있다.

영국의 하노버 왕조는 작센코부르크고타 왕조에서 윈저 왕조로
이름이 바뀌었으며, 그 혈맥은 지금의 찰스 3세 대까지 이어지고
있다. 이처럼 첼레성은 영국 왕실의 원점이다.

오스트프리슬란트식 티 세리머니

하노버 선제후가 통치한 지금의 니더작센주는 독일 안에서도 차 ㈜ 소비량이 가장 많은 지역으로 알려져 있다. 연간 소비량이 1인당 2.5kg으로 영국을 뛰어넘는다. 그중에서도 주도 하노버의 북서쪽에 위치한 오스트프리슬란트 지역에는 예부터 이 지역 특유의 홍차 음용법인 '티 세리머니'가 전해지고 있다.

그 방식은 다음과 같다. 먼저, 오스트프리슬란트식으로 블렌딩된 찻잎을 사용한다. 티 포트는 반드시 워머를 이용해 데우고, 우유가 아닌 생크림을 사용한다. 설탕은 겉모양이 얼음 조각처럼 된 빙당을 사용한다.

오스트프리슬란트 노르덴에는 '오스트프리슬란트 차 박물관'과 '차 박물관'이 있으며 인근 도시 릴에는 '브랜디 박물관'이 있다. 각각의 박물관에서는 아름다운 다기와 빙당에 관련된 전시, 19세기

추운 기후의 북독일에서는 워머를 이용해 티 포트를 데운다.

우유가 아닌 생크림을 사용한다.

홍차 상점의 재현, 지역 홍차 브랜드와 세계 각국의 티타임 소개 등을 한다. 예약을 통해 차 세미나에도 참가할 수 있다.

오스트프리슬란트식 '티 세리머니'는 하노버나 브레멘 거리의 홍차 전문점에서도 체험할 수 있다. 유럽에 차를 수입한 네덜란드와 가깝고, 영국과 인연이 깊은 지역이라는 점이 이 지역의 차 문화 발전을 이끌었을 것이다.

이야기 12

마리아 피츠허버트

Maria Fitzherbert

1756~1837

왕세자의 숨겨둔 아내

난봉꾼으로 유명했던 왕세자 조지는 1784년 봄, 사랑에 빠진다. 상대는 여섯 살 연상에 남편과 두 번의 사별을 겪은 평민 출신의 가톨릭교도 마리아 피츠허버트(Maria Fitzherbert, 1756~1837)였다. 마리아는 자신은 왕세자의 상대로 걸맞지 않다며 구애를 거절했다. 하지만 왕세자의 열정은 꺼질 줄 몰랐다. 그는 프랑스로 도망친 그녀를 쫓아가 자신의 사랑을 받아주지 않으면 목숨을 끊겠다며 자살 소동극을 벌일 정도였다. 마리아는 결국 단념했다.

1785년 12월 15일, 조지는 마리아와 비밀 결혼식을 올린다. 영국에서는 가톨릭 신자와 결혼하면 왕위 계승권을 잃는다. 또 '왕실 결혼령'에 의해 스물다섯 살 미만 왕족의 결혼은 국왕의 허가가 필요했다.

조지와 마리아는 공식적인 부부로 지낼 수는 없었지만, 그는 마리아를 마음의 안식처로 여기며 항구 도시 브라이턴에서 신혼 생활을 만끽했다. 마리아는 조지의 음주 습관과 무례한 행실을 바로잡는 등 훌륭한 아내 역할을 했다.

'빚 탕감'을 위한 결혼

행복한 생활은 10년 만에 막을 내린다. 조지는 의회와 아버지로부터 상응하는 생활비를 받고 있었는데 낭비로 불어난 빚이 국고의 절반에 이를 정도였다. 국왕 조지 3세는 왕세자에게 그에게는 고종사촌 여동생인 브라운슈바이크의 캐롤라인(1768~1821)과의 정식 결혼을 강요했다. 결혼 조건은 '빚 탕감'이었다. 1795년 4월, 결국 조지는 마리아와 헤어져 캐롤라인과 결혼했다. 하지만 결혼 생활은 순탄치 않았다. 왕세자비가 첫딸을 출산한 수일 후, 건강이 악화된 조지는 터무니없는 유언장을 쓴다. '왕세자비라고 불리는 여성에게 1실링을 남긴다. 내 전 재산은 마리아 피츠허버트에게 주겠다.'

아내와 별거한 조지는 1797년 또다시 마리아의 곁으로 돌아간다. 조지의 바람기는 여전했다. 왕세자비와의 이혼 재판도 진행되지 않은 상황이었지만 두 사람의 인연은 오랫동안 계속되었다.

조지 4세와 비밀 결혼한 마리아 피츠허버트. (1790년판)

1830년, 조지 4세가 된 그는 67세에 세상을 떠났다. 그는 마리아의 초상화가 그려진 펜던트를 목에 걸고 영면에 들었다.

조지 4세는 마리아와 주고받은 편지를 모두 보관했다. 하지만 그 편지는 두 사람의 비밀 결혼을 공개하고 싶어 하지 않았던 새 국왕 윌리엄 4세(1765~1837)에 의해 파기되었다. 윌리엄 4세는 형에게 헌신한 마리아에게 모든 것을 비밀에 부치는 대신 공작 부인의 작위를 수여하겠다고 설득했다. 마리아는 거부했다. 자신과 조지 4세의 관계를 세상에 떠벌릴 생각은 없었다. 단지 자신들이 가톨릭 신 앞에서 정식으로 결혼한 부부였다고 믿었을 뿐이다.

마리아는 1837년 조지와의 추억이 서린 장소인 브라이턴에서 세상을 떠났다. 유해는 세인트 존 밥티스트 교회에 안치되었다. 교회 안에는 마리아의 기념 부조가 있다. 그 손에는 그녀가 세 번의 정식 결혼을 했다는 것을 나타내는 3개의 결혼반지가 끼워져 있다.

웨일스 공의 디저트 서비스

조지와 마리아가 신혼 생활을 즐긴 로열 파빌리온은 당시의 신고전주의 양식을 외관에 채용했고 내부는 바로크 양식으로 꾸며졌다. 왕세자는 이 별궁에 지인들을 불러 연일 연회를 개최했다. 미식가로 알려진 왕세자의 만찬은 종류도 많고 호화로웠다. 당시에는 준비된 요리를 모두 동시에 식탁에 올렸다. 그러다 보니 대부분의 요리가 차게 식어버리는 안타까운 사태가 생겼다. 미식가인 조지는 주방에 증기를 이용해 음식을 식지 않게 유지하는 설비를 갖추도록 해 요리를 따뜻한 상태로 제공했다고 한다. 19세기 중반 이후부터는 요리를 만든 순서대로 제공하는 지금의 방식이 고안되었다.

만찬이 어느 정도 마무리되면 디너 서비스라고 불리는 식기를 일단 정리한 후, 디저트가 제공된다. 과일이나 설탕 과자가 나오면 여성들은 탄성을 질렀다. 디저트 서비스용 식기는 디너용에는 금지된 귀여운 꽃문양이 그려진 종류가 인기가 있었다.

1787년, 조지는 크라운더비 공방에 오리지널 디저트 서비스를 주문한다. 사랑스러운 장미와 물망초 문양이 마리아의 분위기와 잘 어울렸다. 이 식기는 지금도 '웨일스 공의 디저트 서비스'로서 계승되고 있다.

 크라운더비 공방의 '웨일스 공의 디저트 서비스'.

이마리 양식

❋ 조지 4세가 애용한 이마리 양식의 식기는 로열 파빌리온의 다이닝룸에 안성맞춤이었다.

　로열 파빌리온은 1815~23년에 걸쳐 건축가 존 내시(1752~1835)에 의해 증축되어 인도 사라센 양식으로 개장되었다. 내시는 런던의 레전트 공원과 레전트 스트리트를 설계하고 버킹엄 하우스의 증축도 맡았던, 조지가 좋아하는 건축가였다. 1798년 내시는 왕세자의 오랜 연인이었던 여성과 재혼했다.

　　로열 파빌리온의 신고전주의 양식으로 지어진 건물 외관은 이슬람풍으로, 바로크 양식의 내장은 중국풍으로 크게 변모했다. 보는 이들에게 강렬한 인상을 주는 이번 개장에는 조지도 적극적으로 관여했다. 한 번도 중국을 방문한 적이 없음에도 상상만으로 중국의 세계관을 만들어낸 조지의 미의식은 그의 낭비벽에 질린 사람들조차 높이 평가했을 정도였다. 다이닝룸에 사용된 세간과 조명에는 용이나 봉황과 같은 모티브가 다수 사용되었으며, 벽에는 중국인을 이미지한 그림이 그려져 있다. 화려한 내부 장식에 뒤지지 않는 식기류도 필요했다. 조지는 크라운더비 공방의 이마리 양식을 애용했다.

남편의 대관식에서 쫓겨난 왕비

1821년 7월 19일, 브라운슈바이크의 캐롤라인 아멜리아 엘리자베스(Caroline Amelia Elizabeth of Brunswick, 1768~1821)는 웨스트민스터 사원 입구에서 쫓겨났다. 사원 안에서는 남편인 조지 4세의 대관식이 거행되고 있었다. 왕비로서 함께 대관해야 할 자신을 문전박대하다니 용서할 수 없다. 비열하기 짝이 없는 남자가 아닌가. 그녀는 소리를 지르며 날뛰었다. 하지만 끝내 문은 열리지 않았다.

캐롤라인은 1768년 5월 17일 브라운슈바이크볼펜뷔텔의 카를 빌헬름 페르디난트(1735~1806)와 영국 왕 조지 3세의 누나 웨일스의 샬럿 아우구스타(1737~1813)의 차녀로 태어났다. 공부에 관심이 없고 시, 음악, 희곡을 좋아하는 낭만주의자 캐롤라인은 쉽게 사랑에 빠지는 성격 때문에 10대 시절 종종 문제를 일으켰다. 부모는 그녀

조지 4세비 브라운슈바이크의 캐롤라인. (Thomas Lawrence, 1798년판)

를 방에 가두고 최대한 이성과의 접촉을 금지시켰다. 그러다 보니 혼기를 놓치고 말았다.

스물다섯 살이 된 캐롤라인은 외사촌인 서른두 살의 영국 왕세자 조지 아우구스터스 프레더릭의 신붓감 후보로 거론된다. 왕세자는 10대 시절부터 술과 여자에 빠진 것도 모자라 미술품 수집, 궁전 건축, 마리아 피츠허버트 미망인과의 비밀 결혼 등 낭비와 방탕한 생활로 국민을 질리게 했다. 왕세자는 국가 예산의 절반에 가까울 만큼 불어난 빚을 탕감해준다는 조건으로 마리아와 헤어져 아버지가 추천한 캐롤라인과 결혼하는 데 동의했다.

1795년 4월 7일, 하노버에서 신부 수업을 마치고 런던에 도착한 캐롤라인과 대면한 조지는 그녀의 두꺼운 화장과 강렬한 체취에 놀랐다. 조지는 크게 동요한다. 캐롤라인도 초상화와 다른 조지의 비만한 체구에 실망한다.

4월 8일 저녁 8시, 두 사람은 런던의 세인트 제임스 궁전 예배당에서 결혼식을 올린다. 횟술에 취한 조지는 동생들이 부축해 겨우 서 있을 지경이었다. 신혼 첫날밤은 엉망이 되었다. 게다가 조지는 결혼한 지 불과 이틀 만에, 헤어진 비밀의 아내 마리아에게 가겠다며 소란을 피운다. 두 사람의 비참한 실혼 생활은 캐롤라인의 친정에까지 전해진다. 어머니 아우구스타는 조카의 어리석은 행동에 탄식하며 동생인 조지 3세에게 도움을 요청한다.

5월, 캐롤라인이 신혼 첫날밤에 임신하게 된 것을 알게 된다. 왕세자는 그녀의 임신을 기뻐하며 브라이턴의 로열 파빌리온으로 데려간다. 그는 왕비에게 '아내가 이곳을 무척 좋아한다. 우리는 잘 지내고 있다'는 내용의 편지를 쓴다. 하지만 남편의 애인과의 동거 생활에 대한 혐오, 남편을 꾸짖지 않는 왕비에 대한 불만 등이 쌓여 가던 캐롤라인은 매일 지인과 친정에 불평이 가득한 편지를 썼다. 그런 왕세자비가 마음에 들지 않던 조지의 애인은 캐롤라인이 친정에 쓴 편지를 빼돌려 세상에 공개해버린다. 아내의 본심을 알게 된 조지는 자존심에 깊은 상처를 입었다.

1796년 1월, 장녀 샬럿 아우구스타(1796~1817)가 태어났다. 수일 후, 건강이 악화된 조지는 자신의 죽음이 가까워졌다고 착각해 유언장을 쓴다. 그는 '왕세자비라고 불리는 여성에게 1실링을 남긴다. 내 전 재산은 마리아 피츠허버트에게 주겠다.' 그리고 '왕세자비는 딸의 양육에 일절 관여할 수 없다'고 썼다. 이후 부부는 본격적인 별거 생활에 들어간다. 딸과 함께 지낼 수 없게 된 캐롤라인은 런던 교외의 찰스턴으로 보내졌으며, 1798년에는 그리니치의 몬터규 하우스로 쫓겨났다.

폭로 대결

왕세자는 사랑하는 마리아와 관계를 회복한다. 캐롤라인도 자유분방한 생활을 즐겼다. 정치가, 군인, 화가 등 다양한 남성이 자택을 드나들었으며, 세간에는 복수의 남성과 관계를 가졌다는 소문까지 돌았다. 이런 생활로 딸을 만날 수 있는 횟수는 점점 줄어들었다.

캐롤라인은 좀처럼 만날 수 없는 딸 대신 고아들에게 양부모를 찾아주는 활동에 참여하게 된다. 1802년, 생후 4개월의 남자아이를 양자로 삼아 정성껏 키웠다. 그런데 이 아이가 캐롤라인이 불륜으로 낳은 아이라는 소문이 퍼져 조지의 귀에까지 들어간다. 1806년 5월 말, 조지 3세는 왕세자의 간청으로 왕립 위원회를 구성해 비밀리에 진상을 조사하게 했다. 여러 증인을 소환해 조사한 결과, 문제의 아이는 가난한 여성이 낳은 것으로 판명되었다. 7월, 소문은 사실이 아닌 것으로 판결난다.

자신이 의심받은 것을 알고 충격을 받은 캐롤라인은 조지 3세에게 100쪽에 이르는 항의문을 보냈다. 국왕은 사과와 함께 왕세자비로서 캐롤라인의 입장을 비호하기 위해 켄싱턴 궁전에 그녀를 위한 거처를 마련했지만 국왕에 대한 원망은 사그라들지 않았다.

1811년, 조지 3세의 정신 장애가 악화되면서 남편이 섭정 왕세자로 취임했다. 아내와 이혼하기 위해 정보 수집에 혈안이 되어 있던 조지는 그녀에게 불리한 정보를 제공하는 자에게 사례금을 주겠다는 신문 광고까지 냈다. 캐롤라인도 대항하기 위해 1813년 자신의 입장을 정리한 『더 북(The Book)』이라는 서적을 출간한다. 이 책은 대중의 흥미와 관심을 불러일으키며 불티나게 팔렸다.

1814년, 나폴레옹전쟁의 종결을 축하하는 왕실 축하 파티에 참가

30대 중반의 브라운슈바이크의 캐롤라인. 왕세자와는 이미 별거 상태였다.
(Thomas Lawrence, 1824년판)

를 거부당한 캐롤라인은 크게 격노했다. 그녀는 딸을 영국에 남겨두고 외국 생활을 시작한다. 국민은 그런 캐롤라인을 남편에게 미움받아 국외로 쫓겨난 불쌍한 왕세자비라고 동정했으며 의회도 많은 연금을 제공했다. 캐롤라인은 고향 브라운슈바이크에 들렀다가 이탈리아로 향한다. 현지에서는 젊은 군인을 안내인으로 고용해 '성 캐롤라인 기사단'이라고 칭하며 늘 곁에 두었다. 캐롤라인이 먼 이국땅에서 이탈리아인 남성을 애인으로 삼았다는 소문은 순식간에 영국에까지 퍼진다. 조지의 요청으로 1818년 8월 영국 의회는 왕세자비의 부정에 관한 증거를 수집하는 밀라노 위원회를 발족시킨다.

1816년, 어머니가 부재중일 때 외동딸 샬럿은 작센코부르크고타 가문의 레오폴트 게오르크 크리스티안 프리드리히(1790~1865)와 결혼해 영국에서 신혼 생활을 시작한다. 하지만 이듬해인 1817년 11월 6일, 그녀는 아들을 사산하고는 그 산욕으로 세상을 떠나고 만다. 캐롤라인에게는 부고도 하지 않았다. 로마 교황을 예방했을 때, 딸의 결혼과 타계 소식을 알게 된 그녀는 남편의 처사에 원한을 품는다.

1820년 1월, 시아버지 조지 3세가 영면했다. 남편은 그녀가 왕비로서의 칭호를 포기하고 외국에 머물면 연간 5만 파운드의 종신 연금을 지급하겠다고 제안하지만 캐롤라인은 이를 거부했다. 그녀는 왕비로서의 권리를 주장하기 위해 6년 만에 귀국한다.

대관식 전에 이혼을 마무리 짓기를 원한 조지 4세는 일정을 연기하면서까지 의회에 '이혼 승인 법안'을 제출했지만 안건은 11월에 부결된다. 재판 기간 동안에도 캐롤라인은 동요하지 않고 증인 신문 중에 조는 모습을 보일 정도로 자신만의 페이스를 유지했다. 남편에게 학대당한 불쌍한 왕비이자 비극의 주인공으로서 그녀는 대중의 지지를 받았다. 조지 4세가 제출한 법안 철회를 요청하는 서명 운동도 활발했다. 재판이 끝난 11월 30일에는 세인트 폴 대성당에서 캐롤라인의 무죄를 축하하는 집회가 열렸을 정도였다.

재판에서 캐롤라인을 지지한 인물 중에는 얼 그레이 티의 유래로 알려진 찰스 그레이 백작(Charles Grey, 1764~1845)도 있었다. 조지 4세와 대립한 그레이 백작은 당시 총리 후보로 거론되었지만 끝내 임명되지 못한 채 조지 4세가 서거한 후에야 활약하게 된다.

하지만 재판 이후 캐롤라인의 분방한 외국 생활과 고액 연금 수급 등이 드러나면서 세간의 비판적 평가를 피할 수 없게 된다. 대관식은 연기 끝에 1821년 7월 19일 웨스트민스터 사원에서 거행되었다. 캐롤라인은 식전에 참석하기 위해 사원으로 향했지만 국왕의 명령으로 모든 입구가 폐쇄되면서 들어가지 못했다. 격노한 캐롤라인은 문을 열기 위해 소리를 지르며 날뛰었다. 끝내 대관식에 발도 들이지 못한 그녀의 명예는 땅에 떨어졌다. 기진맥진해 돌아온 캐롤라인은 결국 앓아누웠다.

그리고 8월 7일, 해머스미스의 브란덴부르크 하우스에서 53세를 일기로 세상을 떠났다. 그녀는 자신의 유해를 윈저성에 잠든 딸 옆에 묻어달라는 유언을 남겼다. 하지만 조지 4세는 그것마저 들어주지 않았다. 무정한 남편은 그녀의 유해를 배에 실어 고향인 브라운슈바이크로 돌려보냈다. 심지어 캐롤라인의 여관이 국왕 부부의 이혼에 얽힌 폭로 서적을 출간하면서 조지 4세와 서거한 왕비 캐롤라인은 또다시 재판의 대상이 되었다. 사후에도 그녀의 명예는 회복되지 못했다.

이야기 14

웨일스의 샬럿 아우구스타
Charlotte Augusta of Wales
1796~1817

부모의 불화

영국 왕세자비 브라운슈바이크의 캐롤라인은 1796년 1월 7일 12시간의 진통 끝에 웨일스의 샬럿 아우구스타(Charlotte Augusta of Wales, 1796~1817)를 출산했다. 부모는 결혼 당초부터 사이가 좋지 않았다. 아버지 조지 아우구스타 프레더릭은 태어난 아이가 아들이 아니라는 사실에 실망했지만 "최대한의 애정을 쏟아 딸을 키우겠다"고 맹세했다.

샬럿이 태어난 지 사흘 만에 몸 상태가 안 좋아진 조지는 건강에 대한 자신감을 잃고 '유언장'까지 쓴다. 거기에는 '딸의 양육과 보호는 살아계신 부왕께, 부왕이 세상을 떠난 후에는 훌륭하신 왕대비에게 맡긴다', 그리고 '왕세자비는 딸의 양육에 결코 관여할 수 없다'고 쓰여 있었다. 왕세자비는 단독으로 딸을 만나지 못하고 하루

한 번 여관이나 유모가 지켜볼 때만 샬럿을 만나는 것이 허락되었다. 두 사람 모두 딸을 자기편으로 만들기 위해 책략을 꾸미고 서로를 험담했다.

어머니는 샬럿과 함께 지내길 바랐지만 결국 칼튼 하우스를 떠나 그리니치의 몬터규 하우스에서 따로 지내게 되었다. 샬럿이 세 살이 되기 전, 아버지는 딱 한 번 어머니에게 양보해 셋이서 함께 겨울을 보내자고 제안했다. 하지만 어머니가 초대를 거절하면서 화해의 기회를 놓쳤다.

아홉 살 무렵, 보다 못한 조지 3세가 샬럿을 자신의 보호 아래 두기로 결정한다. 그녀는 아버지를 떠나 조부모가 있는 윈저성에서 미래의 여왕으로서 교육받는다. 1811년, 할아버지의 병세가 악화되면서 아버지 조지가 섭정 왕세자로 취임한다. 샬럿의 후견은 할머니 샤를로테 왕비와 숙모에게 맡겨졌다.

어머니를 닮은 샬럿은 연애소설 속 주인공에 자신을 투영하는 낭만주의자였다. 열다섯 살이 된 샬럿은 두 명의 남성과 사랑에 빠진다. 둘 다 숙부의 서자였던 청년 장교였다. 어머니 캐롤라인은 딸이 사랑에 빠지자 비밀리에 그들의 밀회를 돕기도 했다. 하지만 영국의 왕위 계승권자인 자신의 연애와 결혼이 국가의 중대사라는 것을 자각하기 시작하면서 행동을 조심하게 된다.

1813년 12월, 샬럿은 영국과 네덜란드 연합국 동맹의 초석으로서 네덜란드의 왕자 빌헬름 프레더릭(1792~1849)과 약혼한다. 결혼

샬럿 공주는 국민에게 인기가 있었다. (1840년판)

식은 네덜란드의 국정이 안정될 때까지 연기되었다. 결혼을 앞둔 샬럿의 마음 한쪽에 불안감이 엄습했다. 결혼 후 네덜란드에서 살 예정이었으나 자신이 여왕이 되면 남편과 별거하게 된다는 점 그리고 자신이 결혼해 네덜란드로 가버리면 아버지가 어머니를 더 심하게 괴롭히지는 않을지가 걱정이었다.

1814년, 그런 그녀의 고민을 날려버릴 운명의 만남이 찾아왔다. 런던의 한 호텔에서 열린 파티에서 만난 작센코부르크고타 가문의 레오폴트 게오르크 크리스티안 프리드리히에게 첫눈에 반한 것이다. 그는 나폴레옹전쟁에서 활약하고, 러시아 황제와도 친교가 있는 미남자였지만 재산이 없었다. 샬럿은 빌헬름과의 약혼을 취소하기로 결심한다. 격노한 아버지는 샬럿에게 자택 연금을 명한다. 그녀는 어머니 캐롤라인에게 도움을 요청해 도망치지만 어머니와 측근들의 설득으로 마지못해 아버지 곁으로 돌아온다. 사랑에 빠진 공주의 도피극은 신문에까지 실리며 결혼을 강요받은 불쌍한 공주라는 국민의 동정을 얻게 된다.

샬럿과 왕자의 비극적인 죽음

조지는 자아를 가진 딸과 캐롤라인이 결탁할 것을 우려해 두 사람의 면회를 엄격히 제한한다. 면회 횟수도 2주에 한 번으로 줄였다. 또 나폴레옹전쟁 종결을 축하하는 왕실 축하연에도 캐롤라인의 참석을 금했다. 격노한 캐롤라인은 외국으로 떠나기로 결심한다. 샬럿은 어머니에게 영국을 떠나지 말라고 간청했지만 결심을 굳힌 그녀는 거액의 연금을 받아 이탈리아로 떠났다. 모녀는 떠나기 전 1시간 남짓의 면회 시간을 가졌다.

조지는 여전히 딸의 결혼 상대로 빌헬름을 고집했지만 샬럿의 완강한 거부와 간청으로 결국 1816년 샬럿과 레오폴트의 약혼을 허락했다. 영국 의회는 레오폴트를 영국인으로 귀화시키는 법안을 가결하고, 그에게 연금 지급을 약속했으며, 부부를 위해 클레어몬트 하우스를 구입한다. 결혼식은 5월 2일 왕세자가 머무는 칼튼 하우스에서 거행되었다. 저택 앞에는 이른 아침부터 사람들이 모여들어 결혼을 축복했다.

결혼 이듬해, 두 번의 유산을 겪은 샬럿은 염원하던 아이를 갖게 된다. 유산 걱정에 몸가짐을 극도로 제한한 탓에 체중이 증가하자 의사는 식사 제한을 권했다. 출산 예정일은 10월 19일이었지만 좀처럼 출산의 징조가 찾아오지 않았다. 장기간의 식사 제한으로 체력도 크게 저하되었다.

11월 5일 밤, 55시간의 긴 진통 끝에 아들을 출산했지만 숨을 쉬지 않았다. 아이의 죽음을 안 샬럿은 "신의 뜻"이라고만 말했다. 저녁 무렵, 의사들은 산모가 안정된 것을 확인하고 저택을 떠났다. 실의에 빠진 남편 레오폴트도 아편 팅크제를 복용하고 잠이 들었다.

연애결혼을 한 샬럿 공주와 레오폴트. (1817년판)

깊은 밤, 극심한 고통이 샬럿을 덮친다. 구토가 계속되고 자궁에서는 출혈이 멎지 않았다. 의식을 잃은 그녀는 그대로 세상을 떠나고 말았다. 너무나 갑작스러운 죽음에 레오폴트는 그녀를 임종하지 못했다.

샬럿과 왕자의 죽음은 영국 전역에 깊은 슬픔을 안겼다. 조지는 충격이 커서 딸의 장례식에도 참석하지 못할 지경이었다. 아내에게는 딸의 부고도 알리지 않았다. 후에 타지에서 딸의 부고를 들은 캐롤라인은 충격을 받아 정신을 잃었다고 한다. 샬럿의 유해는 아들과 함께 윈저성 세인트 조지 예배당에 안치되었다. 조지는 샬럿의 출산을 담당한 의사를 탓하지 않았다. 하지만 그는 국민의 희망이었던 공주를 잃은 무거운 책임에 짓눌려 스스로 목숨을 끊었다.

비극이 비극을 불렀다.

　레오폴트는 샬럿이 세상을 떠난 후에도 영국에 머물렀다. 하지만 1830년 런던회의에서 네덜란드 연합국으로부터의 벨기에 독립이 인정되자 정치가 찰스 그레이 백작 등의 후원으로 벨기에 국왕에 추대된다. 1831년 7월 21일, 그는 브뤼셀에서 레오폴트 1세로 즉위했다. 그리고 이듬해에는 프랑스 국왕의 딸과 재혼해 샬럿과의 사이에서 얻지 못했던 자녀도 얻는다. 새로운 인생을 시작했지만 레오폴트는 한번 얻은 영국 여왕의 부군(prince consort)이라는 지위에 미련을 버리지 못했다.

트루 트리오

18세기 중반이 되면, 유럽 각국에서 자기 제작이 활발해진다. 영국에서도 더비 공방, 우스터 공방, 콜포트 공방 등이 설립된다. 동양의 찻종에서 발전한 티 볼에 손잡이를 달면서 지금의 찻잔과 잔 받침으로 정착한다. 그런 찻잔과 커피 잔 그리고 잔 받침으로 구성된 3점 세트를 영국에서는 '트루 트리오(true trio)'라고 부른다. 차와 커피를 동시에 마시는 사람은 없으므로 잔 받침은 하나면 된다는

찻잔과 커피 잔 세트로 구성된 트루 트리오.

것이 영국인다운 합리적인 발상이다. 트루 트리오는 18세기 말부터 1840년대까지 활발히 제작되었다.

그 뒤로 애프터눈 티가 유행하면서 커피 잔 대신 차에 곁들이는 다과를 담는 케이크 플레이트로 구성된 새로운 '트리오'가 인기를 얻었다.

샬럿 아우구스타가 살았던 시대의 트루 트리오는 지금도 골동품 시장에서 많은 사람들을 매료시킨다. 짧은 신혼 생활 동안 그녀도 사랑하는 남편과 함께 트루 트리오로 차 마시는 시간을 즐겼을 것이다.

이야기 15
작센마이닝겐의 애들레이드
Adelaide of Saxe-Meiningen

1792~1849

허영과 사치와는 무관한 인생

1849년 12월 2일, 미들섹스의 벤틀리 수도원에서 왕대비 작센마이닝겐의 애들레이드(Adelaide of Saxe-Meiningen, 1792~1849)가 영면했다. 장례식은 그녀가 직접 쓴 지시서대로 거행되었으며, 유해는 윈저성 세인트 조지 예배당의 남편 곁에 안치되었다. 지시서에는 '나는 겸허함 속에서 죽는다. 신 앞에서는 모두가 동등하다. 그러니내 유해는 호화롭지 않게 매장해주기 바란다. 장례식은 가까운 사람만 불러 조용히 지냈으면 한다. 나는 편안하게 죽는다. 세상의허영과 사치와는 무관한 안락함 속에서 쉴 것이다'라고 쓰여 있었다. 그녀의 인생 그 자체였다.

1792년 8월 13일, 애들레이드는 작센마이닝겐의 공작 게오르크 1세(1761~1803)의 장녀로 태어났다. 결혼 후 10년이나 아이가 없었

THE FUNERAL CEREMONY IN ST. GEORGE'S CHAPEL.

애들레이드 왕비의 장례식 모습. (The Illustrated London News, 1852년 9월 18일)

던 부부에게 애들레이드는 너무나 고대하던 딸이었다. 마이닝겐은 독일 제국 중에서도 가장 작은 소국이었지만 출판의 자유나 공립 도서관의 일반 공개 등 계몽사상이 발달한 나라였다. 그녀의 아버지는 가난한 아이들과 고아를 위한 공업학교와 여성을 위한 학교 설립에 힘썼다. 아버지의 삶은 애들레이드의 생애에도 큰 영향을 미쳤다. 아버지가 세상을 떠나자 어머니는 남동생의 섭정으로 나라를 다스렸다. 애들레이드는 어머니와 남동생을 돕고, 아버지의 뒤를 이어 자선 활동에도 힘썼다. 그러다 보니 좋은 인연을 만날 기회가 없었다.

그런 그녀에게 영국으로부터 혼담이 들어왔다. 상대는 영국 왕 조지 3세의 3남 윌리엄 헨리(1765~1837)였다. 당연히 하자 있는 상대였다. 윌리엄에게는 10명이나 되는 자녀를 낳아 기르던 30년 된 정부가 있었다. 그는 1817년 형인 섭정 왕세자 조지의 외동딸 샬럿 아우구스타가 출산 직후 세상을 떠나자 왕위 계승권에 대한 생각이 바뀐다. 바로 위의 형은 결혼했지만 자식이 없고 아내와도 별거 상태였다. 그렇다면 장남이 서거한 후 왕위는 차남이 물려받고 차남에게 자식이 없으면 3남인 자신과 자신의 자손이 왕위를 잇게 된다. 왕위에 대한 욕망이 생겨났다. 안정적인 왕위 계승을 위해 영국 의회에서도 정당한 결혼을 하면 연금액을 늘리겠다고 약속했다. 윌리엄은 정부에게 연금을 주기로 약속하고 관계를 끊었다. 그리고 신붓감을 찾아나선 것이다.

스물여섯 살이던 애들레이드와 쉰세 살의 윌리엄은 스물일곱 살의 나이 차이가 있었지만, 결혼을 포기했던 애들레이드에게는 고마운 제안이었다. 그녀는 남편의 과거와 서자에 대한 사실을 모두 알고도 결혼을 승낙했다.

예식 일주일 전 처음 대면한 두 사람은 1818년 7월 11일 큐 궁전에서 결혼식을 올렸다. 결혼식은 윌리엄의 동생 켄트와 스트래선의 공작 에드워드 오거스터스(1767~1820)와 그의 아내 작센코부르크 잘펠트의 빅토리아(1786~1861)의 합동결혼식으로 거행되었다. 켄트 공작도 형과 마찬가지로 적자를 얻기 위해 서둘러 결혼을 결정했던 것이다.

여행을 즐기는, 신앙심 깊은 왕비

신혼 생활은 하노버에서 시작되었다. 1819년, 1820년 잇따라 딸을 출산했지만 둘 다 생후 얼마 지나지 않아 세상을 떠났다. 그 후에 태어난 쌍둥이 아들은 사산이었다. 이후엔 아이를 갖지 못했다. 애들레이드는 친자식 대신 평생 남편의 서자를 보살폈다. 1820년, 시동생 켄트 공작이 갑작스럽게 타계했다. 잇따라 부왕 조지 3세가 세상을 떠나면서 장남이 조지 4세로 즉위했다. 1827년엔 자식이 없던 차남이 서거하면서 남편 윌리엄이 추정 상속인이 되자 왕위 계승이 현실성을 띠게 되었다.

1830년, 조지 4세가 서거하면서 남편이 윌리엄 4세로 즉위하고 애들레이드는 왕비가 되었다. 이듬해 9월 8일, 웨스트민스터 사원에서 대관식이 거행되었다. 군인 생활이 길었던 남편은 66세인 자신의 재위 기간이 길지 않을 것이니 대관식을 하지 않아도 된다고 주장해 영국 의회를 곤란하게 만들었다. 애들레이드는 그런 남편을 타이르고, 스스로 신에게 받은 왕비라는 사명을 무겁게 받아들여 진지하게 의식에 임했다. 남편은 대관식 축하연도 필요 없다는 생각이었다. 하지만 애들레이드는 자신의 보석을 팔아 연회 대금을 마련해 사람들을 대접했다. 국민은 이런 그녀의 진중한 태도, 신앙심, 고상함, 자비심을 칭송했다. 그리고 이렇게 훌륭한 왕비가 자녀를 갖지 못한 것을 안타까워했다.

　왕비가 된 애들레이드는 국가로부터 받은 연금 대부분을 자선 활동에 사용했다. 그러다 보니 궁정에서 여는 파티의 횟수가 조지 4세 시대에 비해 크게 줄었다. 또 애들레이드가 도덕심이 부족한 귀족을 궁정 초대 손님 목록에 올리지 않은 탓에 조지 4세 시대를 그리워하는 귀족도 많았다고 한다.

　왕위를 이을 후계자는 서거한 시동생 켄트 공작의 딸 빅토리아로 정해졌다. 미망인의 입장이었던 빅토리아의 어머니는 윌리엄 4세에게 딸을 빼앗길까 두려워 딸을 궁정에 보내고 싶어 하지 않았다. 그녀를 싫어했던 윌리엄 4세는 "빅토리아가 성인이 될 때까지 살아서 켄트 공작 부인이 빅토리아의 섭정이 되는 것만은 막겠다"며 공

HER MAJESTY, *as she appeared at the* CORONATION. *Sep.* 8th 1831

윌리엄 4세비 애들레이드

공연히 단언할 정도였다. 조카인 빅토리아와는 가끔 만나는 정도였다. 빅토리아는 평소에도 국왕과 왕비를 존경했다.

대관 후 7년 남짓이 흐른 1837년, 윌리엄 4세는 조카 빅토리아가 성인을 맞은 다음 달인 6월 71세를 일기로 영면했다. 애들레이드는 열흘 넘게 자신의 침대에서 잠이 든 적이 없을 정도로 남편을 마지막 순간까지 헌신적으로 보살폈다. 조카 빅토리아는 열여덟 살에 영국 여왕이 되었다.

왕대비가 된 애들레이드는 궁정과 거리를 두기로 한다. 애들레이드는 요양을 겸해 기후가 좋고 따뜻한 지역을 찾아 여행을 시작한다. 지중해 중앙에 떠 있는 몰타 공화국, 포르투갈령 마데이라제도, 그녀의 고향인 마이닝겐 등 영국을 떠나 있는 시간이 많았다. 1880년에는 노팅엄에서 리즈로 이동할 때 영국 왕실 최초로 철도 여행을 체험했다. 여행하는 왕대비를 위해 런던 버밍엄 철도에 의해 애들레이드 전용 열차가 만들어졌다. 당시의 차량은 현재 뉴욕의 국립 철도박물관에 보존되어 있다.

교육과 신앙을 중시했던 애들레이드는 1842년 위틀리 코트에 새롭게 저택을 지을 때, 지역 최초의 학교에 자금을 기부한다. 마데이라제도에서는 빈민을 위한 기부와 도로 건설 자금을 지원하기도 했다. 식민지인 남오스트레일리아에서도 어린이와 이민자를 지원했다.

여왕은 그런 왕대비를 배려해 1846년 남편과 함께 그녀가 머물던 캐서베리 하우스를 방문했으며, 장녀의 미들네임에 애들레이드의 이름을 붙이는 등 세심한 애정을 표현했다.

1841년, 애들레이드는 앞서 소개한 지시서를 썼다. 그 후 8년, 그녀다운 인생을 살다 57세에 세상을 떠난다. 그녀가 남긴 재산은 애들레이드 기금으로 조성되어 계속해서 많은 약자를 돕는 데 쓰였다.

애들레이드 셰이프

애들레이드 왕비의 이름을 딴 콜포트 공방의 '애들레이드 셰이프'.

1795년, 코플리 공방에서 기술을 익힌 존 로즈(1772~1841)는 슈루즈버리의 실업가로부터 자금을 지원받아 콜포트 공방을 설립한다. 일본의 가키에몬(柿右衛門) 양식과 이마리(伊万里) 양식을 혼합한 '인디언 트리(Indian Tree)' 패턴이 유명했지만 상류층 여성 고객을 늘리기 위해 로코코 양식에 힘을 쏟는다. 1820년, 크라운 더비 공방 출신으로 왕세자 시절의 조지 4세에게 헌상된 '웨일스 공의 디저트 서비스'의 채색을 담당한 장인을 초빙했다. 아름다운 꽃문양을 그리려면 아름다운 형태의 백자가 필요하다. 1830년, 콜포트 공방은 새로운 형태의 자기를 만들었다. 그리고 그해 즉위한 왕비의 이름을 따 '애들레이드 셰이프(Adelaide Shape)'라는 이름을 붙이고 1845년경까지 제작했다. 애들레이드 셰이프는 만개한 꽃처럼 입구가 넓고 가장자리에는 프릴과 양각 장식이 세공되어 있다. 우아한 하이 핸들의 밸런스도 훌륭하다. 대부분 찻잔 안쪽에도 아름다운 문양이 그려져 있다. 애들레이드 셰이프는 20세기 초에 복각되었는데 역시 오리지널 작품의 완성도는 각별하다.

이야기 16
작센코부르크잘펠트의 빅토리아
Victoria of Saxe-Coburg-Saalfeld

1786~1861

왕위에 대한 야망

작센코부르크잘펠트의 빅토리아(Victoria of Saxe-Coburg-Saalfeld, 1786~1861)는 남성들의 집념에 휘말린 인생을 살았다.

그 시작은 남동생 레오폴트에 의해서였다. 1817년, 영국 왕위 계승 순위 2위였던 올케 샬럿 공주가 출산 후 갑작스럽게 타계했다. 여왕의 부군을 꿈꿨던 남동생은 크게 실망했다. 공주가 세상을 떠났을 때 왕세자 조지의 동생들은 대부분 미혼이거나 정식 적자가 없는 상황이었다. 쉰 살이 넘은 남성들의 신붓감 물색이 시작되었다. 레오폴트는 조지 3세의 4남 켄트 공작 에드워드 오거스터스를 눈여겨본다. 3남과의 후계 다툼을 의식한 그는 정부와 헤어져 정식 결혼을 결심했다. 레오폴트는 누나 빅토리아를 그에게 시집보낼 생각이었다. 서른두 살의 과부 빅토리아에게는 두 자녀가 있었다. 신랑은 쉰한 살로, 빅토리아가 출산 경험이 있어 아이를 낳을 가능성이 높다는 점을 마음에 들어 했다.

1818년, 빅토리아는 남동생의 야심에 의해 재혼하게 된다. 예식은 3남 부부와의 합동결혼식으로 거행되었다. 부부는 물가가 싼 코부르크에서 지냈지만 아이는 런던에서 낳아야만 했다. 임신한 빅토리아는 무거운 몸을 이끌고 영국으로 건너간다. 이듬해 5월 24일, 그녀에게는 차녀가 되는 알렉산드리나 빅토리아가 탄생했다.

그로부터 8개월 후, 남편 켄트 공작이 폐렴으로 갑자기 세상을 떠났다. 빅토리아는 동요했다. 그녀는 영어도 하지 못했고, 남편은 독신 시절의 막대한 빚을 남겼다. 당시 딸의 왕위 계승 순위는 남편의 큰형인 섭정 왕세자 조지, 차남, 합동결혼식을 한 3남에 이어 4위였다. 3남에게는 젊은 아내 애들레이드가 있고 후계를 낳을 가능성도 높았다. 남동생 레오폴트는 누나에게 자금 원조를 약속하며 영국에 머물도록 설득했다. 빅토리아는 재정 관리를 맡은 시종 존 폰슨비 콘로이(1786~1854)에 의지해 켄싱턴 궁전에 머물기로 했다. 그녀는 딸을 위해 필사적으로 영어를 배웠다. 콘로이가 교사를 맡았다. 아일랜드 출신이었던 콘로이는 심한 열등감을 가진 남자였다. 그는 미래의 여왕 후보인 빅토리아의 후견인이 되어 궁정인들에게 복수하겠다는 야심을 가지고 있었다. 남동생 레오폴트도 그렇지만 남자의 집착은 때로는 여성보다 무서울 때가 있다.

조지 3세가 세상을 떠난 후, 큰형인 조지 4세가 왕위를 이어받았다. 그리고 그가 서거한 후에는 3남인 윌리엄 4세가 왕위를 계승했다. 윌리엄 4세와 왕비 애들레이드에게는 자식이 없었기 때문에 딸의 왕위 계승이 현실성을 띠게 되었다. 남편의 형제는 50대까지 결혼하지 않고 자유분방하게 지낸 사람이 많았다. 빅토리아는 딸의 궁정 출입을 최대한 피하며 켄싱턴 궁전에서 애지중지 키웠다. 미래의 여왕이 될 딸이었다. 주거 환경과 교육에는 돈을 들이고 싶었다. 하지만 그런 그녀의 욕구는 국왕에게 보기 좋게 거절당한다. 필요하면 켄싱턴 궁전을 떠나 윈저성으로 들어오라는 것이었다. 참을 수 없었다.

윌리엄 4세는 자신의 생일 축하 만찬에서 동생의 아내 빅토리아에 대한 적의를 드러낸다. '짐은 수명이 1년만 더 길었으면 한다. 그러면 이 자리에 앉을 젊은 여성이 무사히 성년

빅토리아와 딸 빅토리아

을 맞아 저 음험하기 짝이 없는 인물이 섭정이 되는 사태만은 피할 수 있을 것이다.' 딸 앞에서 모친인 자신을 모욕하다니 이 얼마나 치졸한 남자인가.

여왕의 어머니

1837년, 윌리엄 4세는 조카 빅토리아가 성년을 맞은 다음 달에 세상을 떠났다. 놀라운 집념이었다. 승리를 거머쥔 콘로이는 의기양양했다. 하지만 켄싱턴 궁전에서의 폐쇄된 생활에 불만을 품은 것은 전 국왕만이 아니었다. 새롭게 여왕으로 등극한 딸 빅토리아도 마찬가지였던 것이다. 여왕은 즉위 당일부터 콘로이는 물론이고 자신의 어머니까지 피했다. 18년간 함께 지내온 세월이 무색하게 버킹엄 궁전에 마련된 그녀의 방은 딸의 방에서 한참 멀리 떨어져 있었다.

남동생 레오폴트로부터 딸을 제대로 관리하지 못했다는 책망을 들은 빅토리아는 깊은 한숨만 내쉬었다. 무엇 때문에 온갖 고생을 하며 영국에 남았을까.

하지만 딸의 결혼만큼은 그냥 두고 볼 수 없었다. 빅토리아의 오빠에게는 두 아들이 있었다. 즉위 전에 한번 만나게 한 적이 있지만, 당시는 딸이 자신의 의도를 경계해 사촌들을 곱게 보지 않았다.

The Queen Victoria
Born 24 May 1819

The Duchess of Ken
Born 17. Aug. 1786.

빅토리아(오른쪽)와 딸 빅토리아(왼쪽). (1840년판)

하지만 잘생긴 차남 작센코부르크고타의 앨버트(1819~61)는 마음에 들어 했다. 1839년, 조카를 영국으로 불렀다. 그녀의 의도가 적중했다. 딸은 앨버트와 사랑에 빠져 청혼했다. 앨버트는 독일인답게 검소·검약하고 안정적인 가정생활을 원했다. 또 어릴 때 어머니와 헤어져 산 경험 때문에 장모인 빅토리아를 존중하고 어머니를 홀대하는 그녀를 나무랐다.

오랫동안 의지했던 콘로이는 빅토리아의 사적 재산뿐 아니라 타계한 남편의 여동생의 재산에까지 손을 댄 죄로 궁정을 떠났다. 빅토리아는 딸의 정치에 참견하지 않고 오로지 여왕의 어머니로 살기로 한다. 딸의 출산에 입회해 그녀를 도왔다. 모녀 관계는 전보다 더 친밀하고 건전해졌다. 딸은 잇따라 자녀를 출산했다. 1861년, 빅토리아는 9명의 손자들에 둘러싸여 74세에 병사했다.

타계한 남편 켄트 공작은 방탕하게 살던 시절, 한 집시 점쟁이에게 이런 말을 들었다고 한다. '당신의 앞날에는 많은 고난이 기다리고 있지만 만년은 행복할 것이다. 자녀가 훌륭한 군주가 될 것이다.' 점쟁이의 말이 맞았다. 딸과 손자의 미래는 밝을 것이다.

켄싱턴 궁전

✳ 켄싱턴 궁전

켄싱턴 궁전에는 지금도 많은 로열패밀리가 거주하고 있다. 궁전의 3분의 1가량의 구역은 왕실의 역사 전시관으로 일반에 공개되어 있다. 켄싱턴 궁전에는 세 곳의 명소가 있다.

첫 번째는 명예혁명으로 공동 통치를 하게 된 메리 2세와 윌리엄 3세 부부, 동생인 앤 여왕이 지은 '퀸즈 스테이트 아파트먼트(The Queen's State Apartments)'이다. 모데나의 메리 왕비가 혁명의 계기가 된 아들을 낳은 캐노피 침대도 전시되어 있다.

빅토리아 여왕이 태어난 당시를 재현한 방.

두 번째는 '킹스 스테이트 아파트먼트(The King's State Apartment)'로 조지 1세와 2세가 조성한 구역이다. 이곳에서는 하노버 왕조 창설에 관련이 깊은 팔츠의 조피 그리고 그녀가 후원한 조지 2세비 캐롤라인 등 하노버 선제후 일가와 영국의 관계가 소개되어 있다.

그리고 전시가 가장 충실한 구역이 '빅토리아 로열 차일드후드(Victoria's A Royal Childhood)'이다. 켄싱턴 궁전에서 나고 자란 빅토리아 여왕의 어린 시절이 테마이다. 빅토리아가 태어난 침실은 가구, 카펫, 벽지 하나하나까지 당시의 구입 기록을 바탕으로 충실히 재현했다. 침실 벽에는 서거한 켄트 공작의 초상화가 걸려 있다. 기회가 있다면, 왕실의 숨결이 느껴지는 켄싱턴 궁전을 꼭 한번 방문해보기 바란다.

고독한 소녀 시절

1861년, 알렉산드리나 빅토리아(Alexandrina Victoria, 1819~1901)는 사랑하는 사람을 잇따라 잃는다. '이제 이 세상에는 나를 빅토리아라고 불러주는 사람이 한 명도 남지 않았다.' 여왕으로서 그녀의 고독감이 드러나는 순간이었다.

알렉산드리나 빅토리아는 1819년 5월 24일 조지 3세의 4남 켄트 공작 에드워드 오거스터스와 작센코부르크잘펠트의 빅토리아 사이에서 태어났다. 아버지는 1817년에 섭정 왕세자 조지의 외동딸 샬럿 공주가 급서하자 왕위 계승에 대한 야망을 품고 어머니와 정식 결혼을 했다. 과거 한 집시 점쟁이에게 들은 '당신의 앞날에는 많은 고난이 기다리고 있지만 만년은 행복할 것이다. 자녀가 훌륭

열여섯 살 때의 빅토리아. (G. Hayter, 1835년판)

한 군주가 될 것이다'라는 말을 떠올린 것이다. 코부르크에서 살던 부부는 아내의 임신을 계기로 런던에 오게 된다. 왕위 계승자는 런던에서 데이나아 한다는 규정이 있었기 때문이다.

6월 24일에 거행된 세례식은 엉망진창이었다. 대부가 된 것은 섭정 왕세자 조지, 조지의 친구인 러시아의 황제 알렉상드르 1세(1777~1825)였다. 아버지와 불화를 겪던 섭정 왕세자는 명명권이 자신에게 있다고 주장하며 캔터베리 대주교가 '어떤 이름으로 축복할 지'를 묻자 즉석에서 '알렉산드리나(알렉상드르의 여성형)'라고 대답했다. 난데없는 러시아 이름에 당황한 에드워드는 서둘러 미들네임에 영국 이름인 '엘리자베스'를 넣자고 요청했지만 조지는 이를 거부했다. 결국 어머니와 같은 '빅토리아'를 미들네임으로 넣었다. 이렇게 '알렉산드리나 빅토리아'라는 러시아와 독일이 합쳐진 이름이 지어진 것이었다.

에드워드는 형들로부터 가족을 지켜야겠다고 결심했지만 알렉산드리나 빅토리아가 태어난 지 불과 8개월 만에 폐렴으로 세상을 떠났다. 엿새 후 이번에는 조지 3세가 뒤를 따르듯 서거하고 섭정 왕세자가 조지 4세로 즉위했다.

미망인이 된 어머니 빅토리아는 영어도 제대로 하지 못하는 상황에서 남편이 독신 시절에 진 막대한 빚까지 떠안게 되었다. 코부르크로 돌아갈 생각도 했지만 타계한 샬럿 공주의 남편인 남동생 레오폴트의 만류와 자금 지원으로 영국에 머물기로 한다. 의지할 데라곤 재정 관리를 맡은 시종 존 콘로이뿐이었다.

왕위 계승자로서의 자각

세례식 일도 있어 어머니는 빅토리아를 궁정에 보내는 것을 꺼렸다. 그녀는 켄싱턴 궁전에서 지나친 과보호를 받으며 생활한다. 계단을 오르내릴 때는 반드시 다른 사람의 손을 잡아야 하고, 개인실도 금지되었다. 영국에서는 아이가 태어났을 때부터 독립된 방에서 키우는 것이 일반적이었지만 빅토리아는 어머니와 같은 침실에서 지내야 했다. 어린 시절, 빅토리아의 놀이 상대는 이부 언니인 라이닝겐의 안나 페오도라 아우구스테(1807~72)였다. 하지만 빅토리아보다 열두 살 많은 언니는 그녀가 아홉 살 때 결혼해 집을 떠났다.

나이 차이가 더 많이 나는 이부 오빠는 주로 독일에서 지냈기 때문에 가끔 얼굴을 보는 정도였다. 같은 나이대의 친구가 없던 빅토리아에게 친구라고는 어머니가 준 132개의 인형뿐이었다.

어머니는 딸이 여왕이 될 것이라 믿고 어릴 때부터 교육에 힘을 쏟았다. 독일어를 비롯해 영어, 프랑스어 심지어 이탈리아어와 라틴어도 가르쳤다. 공부를 싫어했던 빅토리아는 다섯 살 때 페오도라의 가정교사 루이제 레첸(1784~1870)을 만나면서 공부에 흥미를 갖게 된다.

1830년, 조지 4세가 서거했다. 차남은 일찍이 세상을 떠났기 때문에 3남인 윌리엄 4세가 왕위를 계승했다. 국왕 부부에게는 자식이 없었기에 빅토리아는 영국 의회에 의해 '잠정 왕위 계승자'로 인정된다. 어머니는 레첸을 통해 열한 살의 빅토리아에게 장래의 여왕이 될 것이라는 사실을 알리게 된다. 레첸은 영국사 교과서 안에 영국 왕실 계보를 숨겨두고 빅토리아가 발견하도록 했다. 계보를 들여다보던 빅토리아는 '내가 생각보다 왕좌에 가까운 위치에 있었

네'라는 감상을 말했다고 한
다. 빅토리아는 레첸의
권유로 열세 살 때부
터 일기를 쓰기 시
작했다. 총 141권
의 일기는 지금
도 윈저성 왕실
문서관에 소중히
보관되어 있다.

어머니는 이따
금 빅토리아를 지배
하려고 했다. 그것은 콘
로이도 마찬가지였다. 어
머니를 싫어했던 윌리엄 4
세는 빅토리아가 성년을
맞을 때까지 오래 살 것이

**대관한 빅토리아 여왕의 당당한 모습이
그려져 있다.** (T. W. Harland, 1858년판)

라고 큰소리쳤다. 그의 바람대로 1837년 빅토리아가 열여덟 살 생
일을 맞은 다음 달인 6월 20일 밤, 윌리엄 4세는 윈저성에서 세상
을 떠났다. 오전 6시, 어머니는 왕궁의 사자가 왔다며 빅토리아를
깨웠다. 그녀는 흰 잠옷 차림으로 궁내장관과 캔터베리 대주교를
만났다. 그들은 그녀에게 국왕의 서거를 보고하고 그 자리에서 무
릎을 꿇고 새로운 여왕의 손등에 입을 맞추었다. 계속해서 오전 9

시에는 총리인 멜버른 자작 윌리엄 램(1779~1848)이 켄싱턴 궁전을 방문해 빅토리아를 접견한다. 빅토리아는 그에게 계속해서 국정을 맡아달라고 요청했다. 오전 11시 반부터 켄싱턴 궁전의 붉은 홀(Red Saloon)에서 최초의 추밀원 회의가 열렸다. 빅토리아는 우아한 언행과 의연한 태도를 보이고자 노력했다. 접견은 전부 어머니 없이 단독으로 이루어졌다. 이날을 기점으로, 빅토리아는 어머니로부터 독립했다.

대관식은 즉위한 지 1년 후인 1838년 6월 28일 웨스트민스터 사원에서 거행되었다. 대관식에서는 옥쇄를 건네는 순서를 틀리거나 반지를 끼는 손가락을 헷갈리는 등의 해프닝도 있어 예정보다 시간이 오래 걸렸다. 하지만 젊은 여왕은 늘 그래왔듯 켄싱턴 궁전으로 돌아가자마자 애견 대시의 목욕을 시켜 주위를 놀라게 했다. 당연히 일기도 썼다.

어머니로부터의 자립

여왕이 된 빅토리아는 거처를 켄싱턴 궁전에서 버킹엄 궁전으로 옮겼다. 버킹엄 궁전을 궁정으로 사용한 것은 빅토리아가 처음이었다. 그녀는 어머니와 콘로이가 자신을 간섭하지 못하도록 어머니의 방을 자신과 멀리 떨어진 곳에 배치했다. 한편, 가정교사 레첸은 자신의 옆방에 머물게 하고 상담역으로 중용했다.

어머니와의 다툼은 젊은 여왕의 판단력을 떨어뜨렸다. 어머니의 여관이 불륜 끝에 임신했다는 추문을 들은 빅토리아는 불쾌감을 느꼈다. 그 상대가 콘로이일지 모른다…는 말에 여왕은 분노에 휩싸여 평정심을 잃는다. 빅토리아는 여관에게 강제로 의사의 진찰을 받게 한다. 하지만 결과는 임신이 아닌 암이었다. 불륜과 임신이라는 불명예를 뒤집어쓴 여관은 살아갈 기력을 잃은 채 세상을 떠난다. 여왕의 오해와 섣부른 판단력이 국민의 비판을 사 왕실의 지지율은 하락했다.

그런 빅토리아의 버팀목이 되어준 것은 총리 멜버른 자작이었다. 아버지의 존재를 모르는 빅토리아에게 마흔 살 연상의 총리는 의지가 되는 존재였다. 두 사람은 매일 6시간의 공무를 함께했으며, 함께 저녁 식사를 하고, 정식 만찬회에서도 나란히 앉았다. 그녀의 일기에는 매일 같이 '멜버른 경', 'M경'의 이름이 등장하게 된다. 그가 정권 교대로 총리의 자리를 떠나게 되었을 때는 충격이 너무 커 식사도 제대로 하지 못했을 정도였다고 한다.

행복한 결혼 생활

여왕이 된 빅토리아에게 요구된 것은 결혼이었다. 즉위 전, 빅토리아는 외삼촌의 아들인 작센코부르크고타의 앨버트를 처음 만났다. 그녀는 그의 잘생긴 용모에 끌렸지만 어머니와 외숙부 레오폴트 1세의 노골적인 의도를 눈치채고 일부러 거리를 두었다. 1839년 10월, 어머니는 또다시 앨버트를 윈저성에 초대했다. 빅토리아는 오랜만에 만난 외사촌에게 완전히 매료되어 이틀 후 멜버른 자작에게 '앨버트와 결혼하기로 결심했다'고 전했다. 그녀는 앨버트를 방으로 불러 '당신이 내 바람을 들어준다면 더없이 행복할 것이다'라며 먼저 프러포즈했다. 가족의 의도가 있기는 했지만 왕족으로서 국가의 구속이 없는 결혼은 드물었기 때문에 국민들은 여왕의 순수함을 칭송했다. 앨버트는 어학, 문학, 예술, 건축, 무예 등 모든 면에서 뛰어난 인물로 영국의 정치와 문화를 빠르게 흡수했다.

영국 의회에서는 앨버트의 장래의 지위, 연금, 역할, 칭호 등에 대한 논의가 시작되었다. 빅토리아는 앨버트를 '왕배(王配) 전하'로서 그녀 다음으로 높은 지위를 부여하기를 원했지만 독일인과의 결혼에 반대했던 의원들에 의해 부결되었다. 연금액도 그녀가 희망한 금액보다 낮게 책정되었다. 어떻게든 그에게 권위를 부여하고 싶었던 여왕은 자신의 권한으로 줄 수 있는 가터 훈장을 수여했다.

결혼식은 1840년 2월 10일 세인트 제임스 궁전에서 거행되었다.

웨딩드레스를 입은 빅토리아 여왕과 군복 차림의 앨버트 공. (1862년판)

빅토리아는 왕실의 전통이었던 은사로 수놓은 무거운 드레스와 벨벳 망토를 거부하고 순결을 상징하는 흰색 실크 드레스를 입었다. 가슴에는 앨버트가 디자인한 사파이어 브로치를 장식하고, 머리에는 오렌지 꽃 티아라와 영국산 호니턴 레이스 베일을 썼다.

빅토리아가 공무에 쫓기는 동안, 앨버트는 낯선 영국 땅에서 여왕의 부군으로 사교에 쫓겼다. 하지만 성실한 성격의 그에게 이런 공무는 고통이었다. 빅토리아는 부부간의 대화에는 독일어를 사용하는 등의 배려로 남편의 스트레스를 줄여주려고 노력했다. 앨버트도 불같은 성격의 빅토리아를 달래며 매사를 객관적으로 판단하도록 진언했다. 결혼 직후, 빅토리아는 침실 여관의 임명을 두고 내각과 갈등을 빚었다. 앨버트는 양쪽이 타협할 수 있는 안을 제안해 문제를 원만히 해결했다. 앨버트의 중재로 어머니와의 관계도 회복되었다. 앨버트는 빅토리아에게는 자신에게 부족한 관점을 지닌 훌륭한 파트너였다. 집무실에는 두 개의 책상이 나란히 놓여 있었다. 부부는 함께 협력하며 공무에 임했다. 이것은 은퇴를 생각하던 멜버른 경의 바람이기도 했다. 1842년, 레첸이 궁정을 떠나면서 부부의 유대는 더욱 깊어졌다.

두 사람은 17년간 4남 5녀를 출산했다. 둘 다 외로운 어린 시절을 보낸 경험 때문에 따뜻한 가정에 대한 동경이 컸다. 크리스마스에는 독일의 전통인 크리스마스트리를 아이들의 수만큼 장식했다. 낭만파였던 두 사람은 종종 버킹엄 궁전에서 중세풍이나 18세기 베르사유풍 등을 테마로 한 무도회를 기획하기도 했다. 공무를 잠시 내려놓고 와이트섬의 오즈번 하우스나 스코틀랜드의 밸모럴성 등에서 가족과 함께 휴가를 즐기는 시간도 소중히 여겼다.

1861년, 손자들에게 좋은 할머니가 되어주었던 어머니가 세상을 떠났다. 그리고 12월 14일, 사랑하는 남편 앨버트가 마흔두 살의 나이로 급서했다. 장녀가 프로이센으로 시집간 후 남편의 마음 한

구석에는 구멍이 뚫린 듯했다. 왕세자 앨버트 에드워드(1841~1910)의 행실도 고민거리였다. 아들을 일찌감치 결혼시키려던 때, 온갖 어리석은 행실이 드러났다. 두 사람은 아들을 감시하기 위해 아들을 옥스퍼드대학에서 앨버트가 총장을 맡은 케임브리지대학으로 이적시켰다. 11월 말, 남편은 건강이 좋지 않은 상황에도 아들을 타이르기 위해 케임브리지로 갔다가 돌아온 후 병상에 누워 회복하지 못했다. 사인은 당시 유행하던 감염병 장티푸스였다. 빅토리아는 차갑게 식은 남편의 손을 한참 잡고 있다가 끝내 방을 뛰쳐나와 울부짖었다. 남편의 죽음이 아들 탓이라는 생각을 떨칠 수 없었다. 그녀는 국가의 공식 행사나 사교계에도 모습을 드러내지 않고 남편과의 추억이 깊은 오즈번 하우스와 밸모럴성에 칩거했다.

남편의 죽음을 극복하고

처음에는 국민들도 빅토리아를 동정했다. 하지만 10년 넘게 그런 상태가 계속되자 공무에 복귀하지 않는 그녀를 비판하는 목소리도 높아졌다. 보수적인 신문조차도 '여왕에게는 공인으로서의 의무가 있다. 이를 무시하면 군주제는 사라질 것이다'라고 충고할 정도였다. 공화주의자의 대두도 막지 못했다. 실제로는 이탈리아의 통일, 미국의 남북전쟁, 딸이 시집간 프로이센과의 관계 등 구미 제국 문제에 드러나지 않게 관여하고 있었지만 국민의 눈에 보이는

형태의 공무가 아니었기 때문에 평가받지 못했다.

남편의 죽음에 대한 언쟁 때문에 공무의 대행을 왕세자에게 일임하지 않은 것도 한 요인이었다. 그때 부상한 것이 여왕과 마부의 스캔들이었다. 마부는 앨버트가 고용한 스코틀랜드 출신의 남성이었다. 여왕은 그와 생전의 앨버트에 관해 이야기하는 것을 좋아했다. 하지만 도를 넘은 총애에 불만을 품은 측근들도 많아, 여왕이 마부와 비밀 결혼을 했다는 등의 소문이 떠돌았다. 왕실은 위기를 맞았다.

완고한 빅토리아를 공적인 자리로 끌어낸 것은 총리 벤저민 디즈레일리(1804~81)였다. 디즈레일리는 앨버트의 인격을 높이 평가했다. 그가 앨버트의 기념비 건축을 위해 힘쓴 것을 계기로 여왕은 디즈레일리를 신뢰하게 된다. 정책 면에서도 그에게 공감했던 여왕은 총리를 돕기 위해 서서히 공무에 복귀한다. 공무에 복귀한 빅토리아는 일본의 이와쿠라 사절단과 첫 회견을 갖는다. 여왕은 디즈레일리 내각의 제국주의 정책을 전면 지지하며 1876년 5월 인도 제국의 여제가 된다.

  1887년, 빅토리아의 재위 50주년 기념식전인 골든 주빌리가 개최되었다. 빅토리아는 마차 퍼레이드로 국민들 앞에 모습을 드러냈다. 버킹엄 궁전의 대형 홀에서 오찬회도 열었다. 이 방이 연회 장소로 사용된 것은 앨버트 공이 세상을 떠난 이래 처음이었다. 1897년에는 재위 60주년 축하연이 개최되었다. 영국 최초의 재위 60주년 행사는 다이아몬드 주빌리라고 불리게 되었다. 국민들은 버킹엄 궁전에서 세인트 폴 대성당까지의 마차 퍼레이드에 열광했다. 막중한 임무를 해낸 빅토리아도 1900년 4월 아일랜드를 방문한 이후에는 피로한 모습을 보이기도 했다. 일기에는 '이젠 나도 슬슬 휴식이 필요하다. 81세인 데다 몹시 지쳤으니까'라고 썼다.

  1901년, 뇌출혈을 일으킨 그녀는 침대에서 일어나지 못하게 되었다. 1월 22일 정오, 침대맡에서 흐느껴 울던 왕세자 에드워드의 존재를 깨달은 빅토리아는 손을 펼치는 듯한 동작으로 '버디'라고 중얼거렸다. 어릴 때부터 불리던 그의 애칭이었다. 남편의 죽음으로 내내 원망하면서도 끝내 외면하지 못한 왕세자. 그런 그녀의 마음이 드러나는 마지막 말이었다. 침대 옆에는 남편 앨버트의 초상화가 놓여 있고 자식과 손자들이 지켜보는 가운데 오후 6시 30분, 빅토리아는 눈을 감았다. 81년 7개월 29일의 인생이었다. 2월 1일, 오즈번 하우스를 떠난 빅토리아의 유해는 영구선에 실려 포츠머스로, 이후 특별 열차로 런던의 빅토리아 역까지 이송되었다. 그리고 2월 4일, 윈저성의 앨버트가 잠든 묘 옆에 나란히 매장되었다.

막내딸 베아트리스 부부, 손자들과 함께 윈저성에서 점심 식사를 하는 빅토리아 여왕. 인도인들이 여왕을 보필하고 있다. (The Illustrated London News, 1896년 2월 8일)

❄ 빅토리아 여왕이 사랑한 오즈번 하우스

빅토리아 여왕이 세상을 떠난 방. 침대
옆에는 앨버트 공의 초상화가 놓여 있다.

강렬한 배색의 앙피르 양식
응접실.

가족의 커다란 초상화가 걸려 있다.

오즈번 하우스

결혼 당초 빅토리아 여왕은 윈저성과 버킹엄 궁전 그리고 브라이턴에 있는 로열 파빌리온까지 세 곳의 저택을 소유하고 있었다. 하지만 세 곳 모두 아이들이 안전하고 자유롭게 뛰어놀 수 있는 정원이 없었다. 그래서 그녀는 어릴 때 어머니와 두 번 방문한 적이 있던 와이트섬에 가족과 함께 보낼 사저 오즈번 하우스를 짓기로 한다. 남편 앨버트가 건물 건축에 적극적으로 관여했다.

건물이 완성된 후 일가는 1848년에는 연간 123일, 1850년대는 평균 60~90일을 오즈번 하우스에서 지냈다. 앨버트는 '이곳의 풍경은 나폴리만을 떠올리게 한다'며 만족했으며 여왕도 '바다와 바람까지 이탈리아와 똑같다'며 일기에 썼을 정도이다. 제라늄, 헬리오트로프, 오렌지 꽃, 장미, 재스민… 창을 열면 식물의 향기가 가득했다. 1854년에는 아이들과 지낼 스위스 코티지도 완성되었다. 오즈번 하우스는 빅토리아의 행복한 결혼 생활의 상징이 되었다.

여왕이 세상을 떠난 후, 오즈번 하우스는 1902년 에드워드 7세에 의해 국민에 개방되었으며, 일부는 병자를 위한 요양 시설로 개축되었다. 1904년 5월, 파빌리온 1층과 테라스, 스위스 코티지, 던바윙이 개방되고 1954년에는 여왕 일가의 사적인 공간이 있는 2층도 공개되었다.

영국 홍차 빅토리안 티

립턴사의 산지 직송을 홍보하는 광고. (1894년판)

　　1837년 즉위한 빅토리아가 여왕으로서 가신에게 처음으로 내린 명령은 '차와 타임스지(The Times)를 가져다 달라'는 내용이었다고 한다. 차와 타임스지 모두 어머니가 금지했던 것이다. 그것들이 그녀 앞에 놓였을 때 비로소 빅토리아는 이제 누구도 자신에게 명령할 수 없다는 사실을 실감했다고 한다.

✿ 베드퍼드 공작 부인 안나 마리아 (1834년판)

그해 12월, 인도 캘커타(지금의 콜카타)에 설치된 다업위원회에 아삼 지방에서 발견된 새로운 차 품종인 '아삼종'의 원종으로 만든 녹차가 도착한다. 이듬해 11월, 찻잎이 런던에 도착했다. 런던의 차 상인들은 새로운 시대의 개막에 흥분했으며, 많은 투자가들이 아삼의 차 제조 사업에 흥미와 관심을 드러냈다. 1839년, 런던에 '아삼컴퍼니'가 설립되었으며 지점으로 캘커타에 '벵갈다업회사'가 탄생했다. 아삼 차는 빅토리안 티라는 이름으로 많은 사람들의 티 테이블에 꿈을 더하게 된다.

이 무렵 빅토리아의 침실 여관을 맡은 것이 제7대 베드퍼드 공작 부인 안나 마리아 러셀(1783~1857)이다. 그녀는 4년간 젊은 여왕을 모셨다. 대관, 결혼, 출산 그리고 불명예스러운 몇몇 스캔들… 자신의 영지로 돌아간 공작 부인 주위에는 궁정의 온갖 사건, 사고에 대해 듣고 싶어 하는 손님들이 몰려들었다. 선대의 채무 변제를 위해 절제된 생활을 하던 공작 부부는 만찬에 초대할 사람의 수를 제한하고, 주로 만찬 전 티타임에 손님들을 맞았다. 한 외국 대사는 '베드퍼드 공작가에는 오후 5시~5시 반 사이에 공작 부인이 참석하는 차 모임이 있다'고 기록했다. 이것이 애프터눈 티의 기원이라고 전해진다.

1840년, 영국은 중국의 청나라와 아편전쟁을 벌인다. 전쟁의 요인은 오랫동안 이어진 중국과의 차 무역으로 생긴 적자, 그리고 그것을 해소하기 위해 비밀리에 행해지던 아편 밀수, 중국 측의 자유무역에 대한 소극적인 태도 등이었다. 1842년, 아편전쟁은 영국의 압도적인 승리로 막을 내렸다. 영국에 할양된 홍콩에서는 본국과 마찬가지로 애프터눈 티가 유행했다. 또 큐 가든의 식물채집가는 홍콩을 거점으로 차 산지에 대한 탐방을 시작한다. 그때까지 비기(祕技)로 여겨지던 중국 차의 제법, 묘목, 품종 등이 식물채집가에 의해 국외로 유출되어 인도의 다즐링 지구로 옮겨졌다. 다즐링에 상업적 다원이 개장한 것은 1852년이다.

1860년대가 되면, 실론섬(지금의 스리랑카)에서도 아삼종 차 재배가 시작된다. 쾌속 범선의 도입으로 중국으로부터의 차 수입 기간도 단축되었다. 제조 과정에서는 찻잎을 비비는 유념기(揉捻機)가 투입되어 발효도 높은 차를 세조할 수 있게 되면서 현재와 가까운 '홍차' 제법이 확립된다. 전통적인 중국식에서 벗어난 새로운 시대의 차는 영국 홍차 빅토리안 티라고 불리며 노동자 계급에서 압도적인 지지를 받았다.

만국박람회

　1850년 1월, 빅토리아의 남편 앨버트가 실행위원장을 맡은 만국 박람회 계획이 시작되었다. 장소는 런던의 하이드 파크가 선택되었다. 대회장은 철과 유리로 건축되었다. 6개월이라는 이례적인 기간에 완성된 이 건물은 크리스털 팰리스(Crystal Palace)라는 애칭으로 불렸다. 34개국에서 출품한 약 100만 점의 작품이 전시되었다.

　1851년 5월 1일, 개막식이 개최되었다. 위원장인 앨버트의 개최

지방에 사는 국민은 투어를 통해 만국박람회를 견학했다.

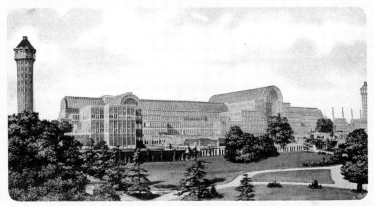

만국박람회가 열린 크리스털 팰리스.

보고 이후 여왕의 개회 발언이 있었다. 이날, 빅토리아의 일기
에는 남편이 한 개인으로서 많은 상찬을 받은 것에 대한 기쁨이
표현되어 있었다.

여왕은 회기 중 34회나 박람회장을 방문했다. 민튼 공방, 헤
렌드 공방, 사적인 도자기 쇼핑도 즐겼다. 크리스털 팰리스 안
에서는 당시 국가의 정책에 따라 엄격한 '금주'가 시행되었다.
주류를 대신해 제공된 것은 홍차였다. 타국에서 참가한 방문객
들은 남녀가 하나같이 예의 바르게 주류가 아닌 홍차를 즐기는
모습에 감명을 받았다고 한다.

만국박람회를 통해 앨버트에 대한 국민의 평가도 높아졌다.
런던 박람회로 얻은 수익은 사우스 켄싱턴 박물관(지금의 빅토리
아&앨버트 뮤지엄), 과학박물관, 자연사박물관, 로열 앨버트 홀 등
오늘날에도 영국을 대표하는 문화 시설의 재원이 되었다. 빅토
리아&앨버트 뮤지엄에는 만국박람회 기념 코너가 있다.

이야기 18
덴마크의 알렉산드라
Alexandra of Denmark
1844~1925

바람둥이 왕세자와의 결혼

20세기를 맞은 영국 왕실에서 왕세자비 덴마크의 알렉산드라 (Alexandra of Denmark, 1844~1925)는 갈등하고 있었다. 가난하지만 사랑이 충만한 가정에서 자란 알렉산드라는 남편의 바람기와 시어머니와 며느리의 왕족으로서의 거만한 태도를 이해할 수 없었다. 영국과 덴마크, 어디에 있는 것이 행복했을까. 물론 영국에 시집와 다행인 점도 있었다.

1844년 12월 1일, 알렉산드라는 글뤽스보르 공작 가문의 4남 크리스티안(1818~1906)과 덴마크 왕 크리스티안 8세의 조카 루이제 (1817~98)의 장녀로 태어났다. 양친은 명문가 출신이었지만 재정이 어려웠기 때문에 일가는 왕실에서 무료로 빌려준 작은 저택에 살며 영어 이외의 자녀 교육은 모두 부모가 맡았다. 어머니의 사촌 프

코펜하겐 시내에 있는 아말리엔보르 궁전에 장식된 알렉산드라와 여동생 마리아의 초상화.

레더릭 7세(1808~63)가 즉위한 해, 왕위를 이을 후계자가 없었기 때문에 알렉산드라의 어머니가 가진 왕위 계승권을 근거로 아버지가 추정 상속인으로 지명되었다. 알렉산드라와 세 살 아래인 여동생 마리아 다우마(1847~1928), 아홉 살 아래인 여동생은 미모의 세 자매로 사교계에서 주목을 받게 되었다.

1861년, 알렉산드라에게 혼담이 들어왔다. 상대는 영국의 왕세자 앨버트 에드워드였다. 독일에 우호적인 빅토리아 여왕 부부는 왕세자의 신붓감으로 프로이센의 공주를 점찍었지만 왕세자의 행실 문제로 좌절되었다. 그해도 에드워드는 여배우와 스캔들을 일으켜 세상을 떠들썩하게 만들었다. 그의 아버지 앨버트 공은 아들의 일로 상심하다 세상을 떠났다. 1862년 9월 7일, 두 사람은 신랑의 작은할아버지에 해당하는 벨기에 왕 레오폴트 1세의 라켄 왕궁에서 만나 약혼한다. 약혼 후, 알렉산드라는 오즈번 하우스에 있는 빅토리아 여왕을 방문해 환영을 받았다.

1863년은 알렉산드라 일가에 영광스러운 한 해였다. 3월 10일, 윈저성의 세인트 조지 예배당에서 결혼식이 거행되었다. 여왕은 궁정에 덴마크적인 분위기가 흘러드는 것을 꺼리며, 왕세자비 주변에 덴마크인을 두는 것조차 허락지 않았다. 알렉산드라는 영국에 대한 애국심을 표현하기 위해 결혼식 드레스도 영국제를 선택했다. 은사로 지은 실크에 영국의 국화를 수놓은 호니턴 레이스로 만든 드레스를 입은 알렉산드라의 아름다움은 숨이 멎을 정도였다. 같은 달, 남동생이 그리스 국왕으로, 11월에는 아버지가 덴마크

왕 크리스티안 9세로 즉위했다.

1864년 1월 8일, 알렉산드라는 윈저성의 프로그모어 하우스에서 장남 앨버트 빅터 크리스티안 에드워드(1864~92)를 출산했다. 여왕의 간절한 바람으로 앨버트 공의 이름을 물려받았다. 그해에 덴마크와 프로이센·오스트리아 연합군 간의 영지를 둘러싼 전쟁이 벌어진다. 이 전쟁은 10월에 덴마크의 패배로 종결되어 알렉산드라의 마음에 화근을 남긴다. 이듬해 6월 3일, 차남 조지 프레더릭 어니스트 앨버트(1865~1936)가 태어났다. 연이은 아들의 탄생은 왕실에 기쁨을 주었지만 고향에서는 또다시 슬픈 사건이 일어났다. 여동생 마리아의 약혼자인 러시아 왕세자가 갑작스럽게 세상을 떠난 것이다. 알렉산드라는 여동생을 위로하기 위해 코펜하겐으로 갔다. 그 후 마리아는 타계한 약혼자의 동생 알렉산드르 알렉산드로비치 대공(1845~94)과 결혼해 러시아 정교로 개종하고 마리아 표도르브나가 되었다.

1867년 2월, 장녀를 출산한 알렉산드라는 류머티즘열 합병증으로 다리가 불편해진다. 그 뒤로 지팡이 대신 우산을 들고 다니게 되었는데, 이 우산이 새로운 패션으로 사교계에서 크게 유행했다. 또 알렉산드라는 결핵성 림프샘염 수술 때문에 생긴 목의 상처를 가리기 위해 보석으로 장식한 초커를 둘렀는데 이것도 크게 유행했다. 아름다운 그녀의 패션은 많은 여성들을 매료시켰다.

빅토리아 여왕의 극단적인 간섭

결혼 생활은 시어머니인 빅토리아 여왕의 극단적인 간섭 때문에 갑갑하기만 했다. 호색가인 남편은 결혼 후에도 매년 출산하느라 고생하는 아내를 돌보기는커녕 수많은 애인을 거느렸다. 1870년에는 한 귀족이 그를 불륜 혐의로 고소해 왕세자 신분으로 재판소에 증인으로 출석하는 불명예를 겪었다. 재판 때문에 마음고생을 한 탓인지 남편은 앨버트 공의 사인이기도 했던 장티푸스에 걸려 12월에는 위독한 상태에 빠진다.

평소 아들을 차갑게 대했던 여왕도 이때만큼은 2주간이나 알렉산드라와 함께 간병을 하며 아들 곁을 지켰다. 에드워드는 앨버트 공의 기일인 12월 14일에 기적적으로 의식을 되찾는다. 하지만 큰 병을 앓은 후에도 그의 본성은 여전했다. 남편은 늘 정부와 공식적인 애첩을 거느렸으며, 만난 여성의 수만 해도 100명이 넘었다. 알렉산드라는 이를 끝까지 모르는 척했다.

알렉산드라는 여왕으로부터의 간섭을 피하기 위해 자선 사업에 열정을 쏟았다. 자선 사업에 관해서는 시어머니도 잔소리를 하지 않았다. 도리어 '나를 공무의 긴장과 피로에서 해방시키기 위해 그녀는 바자회를 열거나 콘서트에 출석하고 병원을 방문했다'고 평가했다. 또 시어머니는 가족 관계를 중시하는 성격이었기 때문에 알렉산드라가 친정 가족들과 가까이 지내는 것에도 너그러웠다.

1873년에는 러시아 왕세자비 마리아가 가족과 함께 영국을 방문했다. 오랜만에 자매가 함께 아름다운 드레스를 차려입고 사교계에 등장하자 미모의 자매라며 크게 화제가 되었다. 1877년에는 요양을 겸해 남동생이 다스리는 그리스를 방문했다.

1881년 3월, 러시아의 알렉상드르 2세가 폭탄 테러로 목숨을 잃었다. 알렉산드라는 주저하는 남편을 설득해 함께 장례식에 출석해 황후가 된 마리아를 위로했다. 1885년에는 부부가 함께 두 번째로 아일랜드를 방문했지만 민족주의 단체를 만나 군중의 야유를 받았다. 왕실에 대한 비판의 목소리가 높아진 것을 실감한 사건이었다.

1887년, 여왕의 재위 50년 기념행사인 골든 주빌리가 개최되었다. 이 식전에서 너그러운 성격의 알렉산드라답지 않게 올케와 언쟁을 벌인다. 세상을 떠난 알렉상드르 2세의 황녀였던 그녀는 '소국 덴마크의 공주보다 러시아 황녀의 지위가 높다'며 상석에 앉은 것이다. 격분한 알렉산드라가 항의했지만 헛된 저항이었다.

1891년, 장남 앨버트가 여왕이 마음에 들어 한 영국의 공주 테크의 메리(1867~1953)와 약혼했다. 하지만 이듬해 1월 14일, 앨버트는 독감과 폐렴으로 갑작스럽게 세상을 떠났다. 충격을 받은 알렉산드라는 한동안 왕실 행사에 참석하지 못했다. 약혼자를 잃은 메리는 세간의 동정을 받았다. 그러다 메리는 차남 조지와 세인트 제임스 궁전에서 1893년 7월 결혼했다. 이듬해 손자 에드워드(1894~1972)가 태어났다. 메리는 육아에 전혀 관여하지 않고, 자식의 교육은 유모와 가성교사에게 일임했다. 알렉산드리는 며느리에게 아이들과 더 많은 시간을 보내라고 고언을 했지만 여왕을 등에 업은 그녀는 귀를 기울이지 않았다. 때때로 알렉산드라는 손자들을 자식처럼 보살폈다. 아들 내외가 외유할 때에는 오랫동안 손자를 맡아 돌보기도 했다.

1897년, 빅토리아 여왕의 재위 60주년을 기념하는 다이아몬드 주빌리가 개최되었다. 알렉산드라가 빈민을 위해 기획한 로열 디너는 좀처럼 기부금이 모이지 않아 중단될 위기에 놓였다. 그때 익명의 기부자가 거액을 기부한다. 후에 기부자는 슈퍼마켓 사업과 홍차 판매로 큰 부를 쌓은 실업가 토머스 립턴(1848~1931)이라는 사실이 밝혀졌다. 가난하게 자란 립턴은 자선 사업에 열의를 보이며 그 후로도 왕세자비의 활동을 지원했다. 런던의 빈민에게 수 펜스로 먹을 수 있는 영양가 있는 식사를 제공하는 활동을 하기 위한 '알렉산드라 기금'을 설립했을 때도 립턴은 10만 파운드를 기부했다. 왕세자비의 추천으로 립턴사는 여왕으로부터 왕실 납품업자로 임명되어 경의 칭호도 하사받았다.

에드워드 7세의 왕비로서

1901년 1월 22일, 빅토리아 여왕이 서거하면서 남편이 에드워드

망토와 왕관을 착용한 알렉산드라 왕비의 초상화. (Supplement to The Sphere, 1902년 6월 28일)

7세로 즉위했다. 왕비가 된 알렉산드라는 여성 최초로 가터 훈장을 받았다. 그 나름의 아내에 대한 감사의 표현이었을 것이다. 대관식은 남편이 충수염에 걸리면서 한 차례 연기되었다가 1902년 8월 9일 웨스트민스터 사원에서 거행되었다. 약 70년 만에 왕비의 대관식용 왕관이 만들어졌다. 알렉산드라는 30대로 착각할 정도의 미모를 선보이며 국민들을 매료시켰다.

그녀는 즉위를 기념해 1만 명의 여성 시종들을 치하하는 퀸즈 티파티를 개최했다. 출석한 사람들에게는 '왕비로부터'라고 새겨진 브로치를 선물했다. 물론 비용은 모두 알렉산드라가 부담했다. 알렉산드라는 제국군 간호 서비스도 설립했다. 또 1908년에는 자선 활동을 위한 자금을 모으기 위해 직접 찍은 사진을 모아 『왕비의 크리스마스 기프트 북(Queen Alexandra's Christmas Gift Book)』이라는 제목의 사진집을 출간했다. 왕실의 사적인 사진과 왕실 스태프들의 사진이 함께 실려 있어 대중의 호평을 받았다.

1906년 1월, 아버지가 세상을 떠나고 오빠가 국왕으로 즉위했다. 알렉산드라는 남편을 잃고 러시아 황태후가 된 마리아와 공동 명의로 코펜하겐 교외의 성을 구입한다.

1910년 5월 5일, 남동생인 그리스 왕을 만나러 와 있던 알렉산드라에게 에드워드 7세가 위독하다는 소식이 전해졌다. 급히 런던으로 돌아간 다음 날, 남편이 숨을 거두었다. 알렉산드라는 남편의 지인들을 초대해 작별 인사를 나누도록 했다. 하지만 공식 정부인 앨리스 케펠(1869~1947)만은 왕이 의식을 잃자 침실에서 내쫓았다고 한다.

왕대비가 된 그녀는 궁전을 떠나 자선 활동에 투신한다. 1912년 6월에는 병원을 세우기 위해 '알렉산드라 로즈 데이'를 설립했다. 자원봉사자들과 함께 병자들이 만든 흰색 장미 조화를 판매해 자금을 모았다. 때로는 직접 간호사 유니폼을 입고 거리로 나서기도 했다고 한다.

1914년, 제1차 세계대전이 발발하자 원래부터 독일에 대해 좋은 감정을 갖고 있지 않았던 알렉산드라는 아들에게 왕가의 가명을 바꿀 것을 진언했다. 그리하여 독일 유래의 작센코부르크고타 가문에서 왕궁인 윈저성의 이름을 딴 윈저 가문으로 개명되었다.

1917년 3월, 러시아혁명으로 조카인 러시아 황제 니콜라이 2세 일가가 암살당했다. 동생인 마리아 황태후가 크림반도의 얄타에 유폐된 것을 안 알렉산드라는 아들 조지 5세에게 부탁해 크림반도로 전함을 파견해 동생을 구출했다. 그녀는 모든 것을 잃은 동생을 따뜻하게 맞아들이고 한동안 멀버러 하우스와 샌드링엄 하우스에서 함께 지냈다. 마리아는 그 후 덴마크로 돌아가 두 사람이 공동 명의로 구입한 성에서 여생을 보냈다. 격동의 시대, 동생의 목숨을 구해낸 순간 그녀는 영국에 시집오게 해준 신에게 감사했다.

1920년대가 되면서 알렉산드라는 건강 악화로 사교계에 모습을 드러내지 않게 되었다. 그리고 1925년 11월 20일, 샌드링엄 하우스

알렉산드라 로즈 데이에서 직접 장미꽃을 나눠주고 있다. (The Illustrated London News, 1886년 3월 10일)

에서 80세를 일기로 영면했다. 유해는 윈저성의 세인트 조지 예배당에 있는 남편 곁에 안치되었다.

파이브 어클락 티

1908년의 런던 올림픽 당시 마라톤은 윈저성에서부터 세퍼드 부시 경기장까지 약 42km의 코스를 달리게 되어 있었다. 알렉산드라는 출발 지점을 궁전의 정원, 도착 지점을 경기장 내 국왕과 왕비의 박스석 중앙으로 지정할 것을 요청했다. 그리하여 총 거리 42.195km라는 알쏭달쏭한 거리가 정착한 것이다.

며느리인 메리는 알렉산드라의 느긋한 성격을 견디기 힘들어했다. 그녀는 시어머니의 지각하는 버릇을 이해하지 못해 조바심을 쳤다. 당시 왕실의 애프터눈 티 시간은 오후 4시~5시 반 사이에 시작되었는데 이런 어중간한 시각을 참을 수 없던 메리는 시작 시간을 오후 5시로 정해 철저히 지켰다. 이후 왕실에는 '파이브 어클락 티(Five o'clock tea)'가 정착했다.

테크의 메리
Mary of Teck

1867~1953

격식과 기품을 지킨 최후의 왕비

"내 죽음 때문에 손자의 대관식이 연기되어서는 안 된다"고 당부한 테크의 메리(Mary of Teck, 1867~1953)는 왕실의 기품과 격식을 완고히 지킨 최후의 왕비였다.

메리는 독일 귀족인 아버지 프란츠 폰 테크(1837~1900)와 조지 3세의 손녀 케임브리지의 메리 애들레이드(1833~97)의 장녀로 태어났다. 정식 이름은 빅토리아 메리 오거스타 루이즈 올가 폴린 클라우딘 아그네스. 이름을 지어준 것은 어머니의 사촌언니 빅토리아 여왕이었다. 영국 왕족인 어머니와 결혼하면서 아버지는 테크 공작의 지위를 얻었지만 일가의 수입은 여왕에게 받는 연금뿐이었다. 여왕은 일가에게 켄싱턴 궁전과 리치먼드의 화이트 로지에 살도록 허락했지만 연금 증액은 인정하지 않았다. 메리의 양친이 수입에 맞지 않는 호화로운 생활을 즐겼기 때문이다.

메리가 태어난 것은 켄싱턴 궁전이었지만 채무자들을 피해 도망치느라 어린 시절에는 부모와 함께 친척들이 사는 외국을 전전했다. 왕족으로서의 자부심이 강했던 어머니는 자식들의 교육에는 힘을 쏟았다. 메리는 영어 외에도 프랑스어와 독일어를 배웠다.

열여덟 살이 된 메리는 사교계에 데뷔하기 위해 런던으로 돌아왔다. 그런 메리에게 이내 혼담이 들어왔다. 상대는 여왕의 손자로 왕위 계승 순위 2위의 클래런스 공작 앨버트 빅터였다. 하지만 약혼한 지 6주 만에 앨버트는 독감에 걸려 세상을 떠나고 말았다. 국민은 약혼자를 잃은 메리를 동정했다. 왕위 계승 순위 2위는 동생 요크 공작 조지가 되었다. 여왕은 메리를 왕실의 신붓감으로 점찍고 있었다. 무엇보다 조지가 형에 대한 우애로 그녀와의 결혼을 원하면서 두 사람은 1893년 7월 6일 세인트 제임스 궁전에서 결혼했다. 영국의 왕자가 영국의 공주를 아내로 맞는 것은 처음 있는 일이었다.

메리는 총명하고 다부진 성격에 왕족으로서의 자부심도 가지고 있었다. 왕실의 규율을 중시한 그녀는 보수파 귀족들에게도 깊은 신뢰를 얻었다. 남편의 양친인 왕세자 부부는 늘 자유로운 삶을 지향했지만 조지와 메리는 빅토리아 여왕을 닮아 엄격하고 견실한 왕가를 이상으로 여겼다. 결혼 이후 샌드링엄 하우스에 정착한 두 사람은 5남 1녀를 출산했다. 메리는 왕실의 전통에 따라 자식의 교육을 유모와 가정교사에게 일임했다. 시어머니인 일렉산드라는 이이들에게는 어머니의 애정이 필요하다며 쓴소리를 했지만 무시했다.

1901년 1월 22일, 경애하는 빅토리아 여왕이 서거하고 시아버지가 에드워드 7세로 즉위했다. 하지만 두 사람은 여왕의 장례식에 참석한 후 이내 오스트레일리아에서 열리는 제1회 의회 개회식에 왕의 대리로 참석하기 위해 같은 해 3월 해외 자치령으로 떠난다. 9개월간의 긴 여행이었다.

시아버지의 치세는 오래가지 못했다. 국왕은 1910년 5월 5일 지병인 기관지염이 악화되어 위중한 상태에 빠진다. 왕비는 몸져누운 남편을 두고 남동생을 만나기 위해 그리스로 떠났다. 국왕의 용태는 회복되지 않았다. 5월 6일 밤, 서둘러 귀국한 알렉산드라 왕비와 자식들이 지켜보는 가운데 에드워드 7세는 68세를 일기로 세상을 떠났다.

제1차 세계대전과 가문명 변경

남편이 조지 5세로 즉위하고 메리는 왕비가 되었다. 이듬해 6월 22일, 웨스트민스터 사원에서 대관식이 거행되었다. 12월 12일에는 인도 델리에서 인도 황제로서도 대관했다. 인도까지 많은 귀족들이 동행했기 때문에 대관식은 성대하게 거행되었다.

버킹엄 궁전에 그려진 조지 5세, 메리 왕비, 왕세자 에드워드, 메리 공주의 초상화. (The Illustrated London News, 1935년 5월 4일)

남편, 아들과 함께한 메리. 진지한 표정이 인상적이다. (The Illustrated London News, 1910년 5월 10일)

1914년, 두 사람은 첫 공식 방문지로 영불 협상 10주년을 기념해 프랑스 파리를 선택했다. 프랑스어에 능통한 메리는 남편의 외교를 지원했다. 하지만 프랑스를 공식 방분한 직후 세계를 전율케 한 사건이 일어났다. 6월 28일, 오스트리아 왕세자 부부가 세르비아인 청년에 의해 암살당한 사라예보 사건을 계기로 제1차 세계대전이 발발한 것이다. 8월 4일 밤, 영국은 독일에 선전포고한다. 세계의 경제대국이 휘말린 제1차 세계대전은 연합국(영국, 러시아, 프랑스)과 중앙 동맹국(주로 독일, 오스트리아) 간의 전쟁으로 발전했다. 머지않아 미국과 일본도 연합국 측에 가세하면서 전쟁은 1918년 11월 11일까지 이어졌다.

　　세계대전 중에 유럽 내에서 왕실의 존재 의의와 능력이 문제시되면서 쟁쟁한 왕가들이 몰락의 길을 걸었다. 영국 왕실은 국민의 반독일 감정에 빠르게 대응했다. 메리의 친가인 테크가는 가문명을 버리고 새롭게 케임브리지 후작으로 봉해졌다. 독일 황제들의 가터 기사단원으로서의 자격을 박탈했으며 1917년 7월 17일에는 독일 유래의 가명 작센코부르크고타가를 왕궁인 윈저성의 이름을 따 윈저가로 개칭한다고 발표했다. 메리도 친가 쪽의 영국계 혈통을 전면에 내세우며 남편을 지원했다. 검소·검약하고 자선 활동에 힘쓰는 국왕 부부의 모습이 국민에게 삼봉을 수면서 왕실의 지지율도 올라갔다.

　　왕실의 전통으로 이어져 내려오던 여덟 가지 코스로 구성된 사치스러운 아침 식사도 정리했다. 메리는 영양의 균형을 고려해 오늘날의 영국식 아침 식사의 기초를 확립했다. 베이컨이나 소시지 구이, 달걀 프라이나 스크램블 에그, 베이크드 머시룸과 토마토, 양고기 또는 훈제 청어, 요구르트와 과일, 빵, 홍차, 오렌지 주스 등 '퀸 메리 스타일'이라고 불린 아침 식사는 대중의 지지를 받았다.

　검약가인 그녀도 취미 활동에는 돈을 아끼지 않았다. 1921년부터 3년에 걸쳐 만들어진 '메리 왕비의 인형의 집'도 그중 하나였다. 이 인형의 집은 실제의 12분의 1 크기로 제작되었다. 가구는 모두 실물을 바탕으로 만들어졌으며, 전등에는 실제 불이 들어오고 물도 나왔다. 메리에게 바치는 국민의 선물로서 기획된 인형의 집은 완성 후 관람료를 자선 자금에 충당하는 형태로 공개 전시되어 지금도 윈저성에 전시되어 있다.

　그녀는 보석류에도 관심이 많았다. 하지만 왕실의 재원이 한정되어 있고 국민들이 보는 데서 값비싼 보석류를 구입할 수도 없었다. 그녀는 방문지에서 대대로 전해져 내려오는 가보를 보면 입이 마르게 칭찬했다고 한다. 칭찬을 들은 상대방이 '마음에 드시면 드리겠다'는 말이 나오지 않을 수 없게 만들기도 했다. 그녀의 보석 목록에는 그런 사정으로 헌상된 물품들이 많았다고 한다.

　전후에도 아일랜드를 비롯한 영국령 식민지에서의 독립운동 확대와 세계 공황 등의 문제가 산적해 있었지만 1935년, 즉위 25년을 기념하는 실버 주빌리 행사를 무사히 맞을 수 있었다. 조지 5세는 오랫동안 폐병을 앓고 있었다. 또 제1차 세계대전 중 낙마 사고를 당해 전후에도 사고의 후유증으로 고생했다. 1936년 1월 20일, 격동의 시대를 산 국왕은 샌드링엄 하우스에서 영원한 안식에 들었다. 후에 조지 5세의 죽음이 메리 왕비의 동의에 의한 '안락사'였다는 사실이 공표되었다.

독신의 왕세자가 에드워드 8세로 즉위하고, 메리는 왕대비가 되었다. 그녀는 남편이 전쟁의 참화 속에서 지킨 왕실을 수호하기 위해 왕실의 품위를 해치는 언동에 대해 엄격한 태도를 취했다. 시아버지인 에드워드 7세를 닮아 호색가였던 장남 에드워드 8세는 여러 계급 여성들과 숱한 염문을 뿌렸다. 1931년부터는 기혼 여성인 미국인 월리스 심슨(1896~1986)과 교제를 시작해 그녀를 왕비로 삼기 위해 획책한다. 하지만 가족과 의회는 물론 국민들로부터도 맹렬한 반발을 샀다. 결국 그는 12월 11일 라디오 방송을 통해 그녀와 결혼하기 위해 국왕직을 내려놓겠다고 발표한 후 영국을 떠났다. 왕실의 권위를 무너뜨린 아들에게 메리는 큰 충격을 받는다.

메리 왕대비

왕위는 차남에게 계승되어 조지 6세(1895~1952)로 즉위했다. 대관식은 1937년 5월 12일 웨스트민스터 사원에서 거행되었다. 메리는 왕대비는 새로운 왕의 대관식에 출석하지 않는다는 왕가의 규칙을 깨고 아들의 대관식에 참석했다. 전성석으로 병약한 데다 말더듬 증까지 있던 조지 6세의 국왕으로서의 자질을 의심하는 사람도 많았다. 하지만 형과 달리 성실한 성격이었던 그는 제2차 세계대전 중에도 가족과 함께 버킹엄 궁전과 윈저성에 남아 국민과 함께하는 모습을 보였다. 메리도 이를 따르려고 했지만 국왕의 요청으로 7년간 조카가 시집간 배드민턴 하우스로 피난했다.

미망인이 된 메리 왕대비. 평생에 걸쳐 왕실의 권위를 지켰다.
(Supplement to The Illustrated London News, 1936년 2월 1일)

제2차 세계대전이 끝나고, 손녀 엘리자베스도 결혼하면서 평화가 찾아왔다고 여겼다. 그러던 1952년 2월 6일, 조지 6세가 폐암으로 샌드링엄 하우스에서 56세의 생애를 마쳤다. 왕대비가 된 메리의 비애는 국민들에게까지 전해졌다.

이듬해인 1953년 3월 24일, 손녀 엘리자베스 2세의 대관식을 보지 못하고 메리는 만 85세를 일기로 세상을 떠났다. 유해는 윈저성의 세인트 조지 예배당에 안치되었다.

❋ 나비 손잡이가 달린 찻잔은 수집가들이 선호하는 작품이다.

나비 손잡이 찻잔

19세기 말, 자포니즘의 영향을 받아 제작된 나비 손잡이가 달린 찻잔은 20세기가 되면서 디자인이 더욱 다채롭게 바뀐다.

1931년 7월, 메리의 장남 에드워드는 중산 계층에 인기가 있던 앤슬리 공방을 방문해 아르누보와 아르 데코 양식에 영향을 받은 현대적인 디자인의 찻잔 세트를 견학했다. 앤슬리 공방은 그해 가을, 튤립 형태의 찻잔에 나비 손잡이를 단 버터플라이 시리즈를 발표해 많은 이들을 놀라게 했다. 튤립 꽃잎을 이미지화한 화사한 찻

잔은 안이 비쳐 보일 만큼 얇아서 장인의 기술이 돋보인다. 이 나비 손잡이 찻잔은 'NO765789'로 의장 등록되어 왕비 메리에게 헌상되었다.

손잡이 부분에 집중해 찻잔을 잡으면, 손가락 끝이 쭉 뻗어 무척 우아해 보인다. 공업화가 진행되면서 자연이 점차 사라져가던 시대, 자연미를 투영한 나비 손잡이 찻잔은 많은 이들의 마음을 사로잡았을 것이다.

자유연애 끝에

"왕대비 전하." 사람들이 자신을 부르는 소리가 들렸다. 생각해보면, 왕비로 산 세월보다 여왕의 어머니로 살아온 세월이 더 길었다. 두 번의 세계대전을 겪은 엘리자베스 안젤라 마거리트 보스라이언(Elizabeth Angela Marguerite Bowes-Lyon, 1900~2002)은 2002년 3월 30일에 101세의 천수를 누리고 서거했다.

엘리자베스는 1900년 8월 4일 제14대 스트라스모어 킹혼 백작인 클로드 보스라이언(1855~1944)의 막내딸로 태어났다. 1914년, 14세 생일에 영국이 독일에 선전포고하면서 제1차 세계대전에 참전한다. 네 명의 오빠들은 전장으로 갔다. 한 명이 전사하고, 또 한 명이 적의 포로가 되었다. 양친은 일가가 거주하던 글래미스성을 전시 부상자들을 위한 요양소로 개방했으며, 엘리자베스도 부상자 간호를 도왔다. 전쟁에 대한 증오와 슬픔이 엘리자베스의 마음 깊이 남았다.

1919년, 사교계에 데뷔한 엘리자베스는 2년 후 영국 왕 조지 5세의 차남 요크 공작 앨버트 프레더릭 아서 조지로부터 구애의 편지를 받는다. 왕자는 천성이 병약하고 말더듬증이 있어 중요한 공무를 맡지 못했다. 왕자의 갑작스러운 구애에 당황한 엘리자베스는 그가 상처받지 않도록 정중히 거절했다. 앨버트는 실망했지만 그녀가 아닌 다른 여성과는 결혼할 수 없다고 공언했다. 1922년, 앨버트의 어머니 메리 왕비가 글래미스성을 방문했다. 왕비는 소극적인 아들을 대신해 엘리자베스에게 아들의 소망을 들어달라고 청했지만 그녀는 응하지 않았다. 2월, 두 사람은 앨버트의 여동생 결혼식에서 재회한다. 메리는 앨버트의 거듭된 구혼을 고사했다. 왕족과 결혼하면 자신을 둘러싼 세상이 바뀔 것이다. 그런 모험은 하고 싶지 않았다. 하지만 앨버트의 거듭된 구혼과 한결같

앨버트 왕자와 엘리자베스의 결혼식 초상화.
(The Illustrated London News, 1948년 5월 1일)

은 그의 인품에 조금씩 마음이 움직인 엘리자베스는 1923년 1월 16일 마침내 그의 프러포즈를 받아들였다.

결혼식은 4월 26일 웨스트민스터 사원에서 거행되었다. 엘리자베스는 제단으로 향하는 도중, 바닥에 있는 제1차 세계대전 전몰자를 기리는 무명용사의 묘에 부케를 바쳤다. 그 뒤로 왕족의 결혼식에서는 예식 다음 날 신부가 무명용사의 묘에 부케를 바치는 것이 관례가 되었다. 자유연애를 관철하며 자비로운 여성의 마음을 얻어낸 앨버트는 국민들로부터 칭송받았다.

결혼 이후 두 사람은 왕실의 일원으로 공무에 종사한다. 알렉산드라 왕대비가 서거한 1925년 앨버트에게 시련이 찾아온다. 형에게 웸블리의 대영제국 박람회 총재직을 물려받게 된 앨버트는 말더듬증 때문에 취임 연설을 망치고 만다. 남편을 걱정한 엘리자베스는 오스트레일리아 출신의 언어 치료사 라이오넬 로그(1880~1953)의 도움으로 말더듬증을 개선하기 위한 치료를 시작했다. 엘리자베스는 남편을 헌신적으로 지원했다.

왕관을 버린 사랑

그해에 엘리자베스가 임신했다. 결혼한 지 2년, 앨버트의 지병 때문에 두 사람 사이에는 아이가 없었다. 부부는 인공수정이라는 새로운 의료기술을 받아들였다. 출산은 체구가 작은 모체의 안전을 고려해 제왕절개로 이루어졌다. 1926년에 장녀 엘리자베스 알렉산드라 메리(1926~2022)가, 1930년에는 차녀 마거릿 로즈(1930~2002)가 태어났다. 서로를 '릴리벳'과 '마고'라는 사랑스러운 애칭으로 부른 자매는 엘리자베스의 보물과 같은 존재였다.

1936년은 격동의 한 해였다. 1월 20일, 시아버지 조지 5세가 서거하고 시아주버니가 에드워드 8세로 즉위했다. 에드워드 8세는 이혼 경력이 있는 미국인 여성 월리스 심슨과 결혼을 추진해 의회와 대립했다. 그리고 결국 12월 11일 "사랑하는 여성 없이는 국왕으로서의 의무를 다할 수 없다"며 퇴위를 선언한다. 소위 '왕관을 버린 사랑'의 배후에서 엘리자베스와 앨버트는 자식들을 품에 안고

조지 6세와 엘리자베스 왕비의 대관을 기념하는 특집호. (The Illustrated London News Coronation Week Double Number, 1937년 5월 8일)

떨고 있었다. 남편은 몇 번이나 형을 만류했지만 소용없었다.

남편 앨버트가 조지 6세로 즉위하고 엘리자베스는 왕비가 되었다. 딸 엘리자베스는 왕위 계승 순위 1위가 되었다. 1937년 5월 12일, 웨스트민스터 사원에서 대관식이 거행되었다. 사랑은 소중하다. 하지만 그 사랑을 지켜내기 위해 희생된 사람도 있다. 그녀는 가족을 버린 시아주버니를 평생 용서하지 않았다. 그리고 무거운 운명을 짊어진 딸을 걱정했다.

새 국왕 부부는 이듬해부터 프랑스, 캐나다, 미합중국을 방문했다. 각 나라의 수뇌부 모두 독일에 위협을 느끼고 있었다. 1939년 9월 3일, 조지 6세는 라디오 생방송을 통해 독일에 선전포고했다. 제2차 세계대전이 발발한 것이다. 엘리자베스는 적십자사의 활동을 지원하는 자금 모금을 위한 서적 출판 계획에 협력한다. 책 표지에 자신의 초상화를 사용하는 것을 허락해 판매를 늘리는 데도 공헌했다. 1940년 9월 13일, 독일 공군기가 투하한 2기의 폭탄이 버킹엄 궁전 중정에 떨어졌다. 궁전에서 집무 중이던 국왕 부부는 구사일생으로 살아났다. 엘리자베스는 군대, 병원, 재해지역뿐 아니라 저소득층이 많은 런던의 이스트엔드를 수차례 방문해 "이제야 이스트엔드의 국민들을 볼 면목이 생겼다"고 말해 박수갈채를 받았다. 국민의 사기를 고무하는 역할을 한 엘리자베스는 적으로부터 '유럽에서 가장 위험한 여성'으로 불렸다. 엘리자베스는 전쟁을 피해 런던을 떠나는 것도, 자식들을 캐나다로 소개시키는 것도 거부했다. 1945년 5월 8일, 독일이 항복한다. 국왕 부부는 전승 기념일을 버킹엄 궁전 발코니에서 국민들과 함께 축하했다. 이듬해에는 장녀 엘리자베스가 결혼했다.

1951년 9월, 남편이 폐암을 진단받았다. 1952년 1월 31일, 엘리자베스는 남편과 함께 히드로 공항에서 국왕의 대리로 외국으로 떠나는 딸 부부를 배웅했다. 2월 6일, 조지 6세는 잠자던 중 숨을 거두었다. 엘리자베스는 배우자는 왕의 장례식에 출석할 수 없다는 왕실의 관례를 깨고 남편의 장례식에 참석했다.

엘리자베스 2세의 치세가 시작되었다. 엘리자베스는 1년간 스코틀랜드에서 남편을 애도했다. 아들의 죽

군대를 시찰 중인 엘리자베스. (1941년 4월 5일)

음에 상심한 메리 왕대비는 손녀의 대관을 보지 못하고 아들의 뒤를 따르듯 세상을 떠났다. 1953년 6월 2일, 엘리자베스 2세의 대관식이 거행되었다. 젊은 여왕은 공무, 출산, 육아 사이에서 고군분투했다. 엘리자베스는 런던으로 돌아와 공무에 복귀했다. 왕비 시절과 다름없는 양의 공무를 소화해냈다. 여왕 내외가 외유로 자리를 비울 때에는 손주도 보살폈다. 물론 휴가도 빠짐없이 챙겼다. 스코틀랜드 북부 연안의 메이성을 사저로 삼아 8월에는 3주, 10월에는 10일간 공무를 내려놓고 휴식을 취했다. 취미였던 경마의 장애물 경주도 만끽했다.

일가는 시청률이 높은 홈드라마처럼 사건이 끊이지 않았다. 차녀 마거릿은 이혼 경력이 있는 남성과 사랑에 빠져 에드워드 8세의 전철을 밟으려고 했다. 간신히 단념시켰지만 그 일로 깊은 상처를 받은 그녀는 종종 문제 행동을 일으켰다. 1960년, 사진가 남성과 결혼하지만 그 후에 이혼했다.

손주도 많이 태어났다. 여왕 부부는 3남 1녀, 마거릿은 1남 1녀를 두었다. 하지만 대부분 힘든 결혼 생활을 했다. 국민의 환영을 받으며 결혼한 왕세자 찰스 필립 아서 조지(1948~)와 스펜서 백작의 4녀 다이애나 프랜시스 스펜서(1961·1997)의 이혼극은 특히 심각했다. 두 사람의 불륜, 다이애나의 왕실 비판, 왕실 내부자에 의한 폭로 서적 등은 왕실의 존속 자체를 위기에 빠뜨렸다. 다이애나의 할머니는 엘리자베스의 여관을 지냈다. 서로의 손주를 결혼으로 맺어주려 한 두 노인의 바람은 모두를 불행으로 이끌고 말았다. 1997

년, 나이애나는 파파라치의 추격을 피하던 중 교통사고를 당해 목숨을 잃는다. 다이애나의 국장은 엘리자베스의 장례를 위해 준비되었던 식순으로 거행되었다.

연로한 엘리자베스는 빈번한 골절상에 암까지 이겨내며 100세가 넘도록 꿋꿋이 공무를 이어갔다. 2002년, 조지 6세의 서거로부터 50년을 기념하는 식전에 참가했다. 남편이 세상을 떠나고 반세기가 흘렀다는 사실에 감개무량했다. 그로부터 사흘 후, 병을 앓던 차녀가 71세를 일기로 영면했다. 엘리자베스는 휠체어를 타고 윈저성의 세인트 조지 예배당에서 거행된 마거릿의 장례식에 참석했다. 딸은 이혼 후, 아버지의 묘에 함께 묻히고 싶어 했다. 하지만 그 묘에는 시집간 마거릿의 유해가 안치될 자리가 없었다. 그녀는 왕실에서는 이례적인 화장을 선택해 작은 납골함에 담겨 아버지와 같은 묘에 잠들었다.

사랑하는 딸을 보내고 한 달이 지난 3월 30일, 엘리자베스는 엘리자베스 2세가 지켜보는 가운데 윈저 그레이트 파크의 로열 로지에서 101세를 일기로 세상을 떠났다. 20만 명이 넘는 국민이 사흘에 걸쳐 웨스트민스터 사원을 방문해 이별을 아쉬워했다. 유해는 남편, 딸과 같이 윈저성의 세인트 조지 예배당에 안치되었다.

이야기 21
엘리자베스 2세
Elizabeth II
1926~2022

'릴리벳' 공주

'내가 단명하든 장수하든 국민과 영연방을 위해 일생을 바치겠다.' 조지 6세의 장녀 엘리자베스 알렉산드라 메리(Elizabeth Alexandra Mary, 1926~2022)는 스물한 살 생일에 이렇게 다짐했다.

1926년 4월 21일, 엘리자베스는 런던의 메이페어에서 국왕 조지 5세의 차남 요크 공작 앨버트 프레더릭 아서 조지와 제14대 스트라스모어 백작의 딸 엘리자베스 보스라이언의 장녀로 태어났다. 인공수정, 제왕절개라는 최신 의학에 의한 출산이었다. 태어난 딸은 어머니, 증조할머니, 할머니의 이름을 따 엘리자베스 알렉산드라 메리라고 지어졌다. 이름을 제대로 발음하지 못하던 어린 시절에는 '릴리벳'이라는 애칭으로 불렸다. 4년 후에는 여동생 마거릿도 태어났다. 자매는 할머니인 메리 왕비의 방침에 따라 가정교사에 세 남자아이와 똑같은 교육을 받았다.

1936년, 할아버지가 세상을 떠나고 큰아버지인 에드워드 8세가 즉위했다. 그는 미국인 여성 월리스 심슨과 결혼하기를 원했지만 그녀가 이혼 경력이 있는 미국인인 데다 두 사람의 교제가 불륜으로 시작되었다는 등의 이유로 비판을 받았다. 국민의 축복을 받는 결혼은 어려운 상황이었다. 의회는 '왕관과 사랑 둘 중 하나를 선택하도록' 결단을 촉구했다. 에드워드 8세는 왕관을 버리고 사랑하는 여성과 함께 국외에서 윈저 공작으로 사는 길을 택한다.

'왕관을 버린 사랑'은 엘리자베스의 운명을 바꿔놓았다. 아버지가 조지 6세로 즉위하고 엘리자베스는 왕위 계승 순위 1위의 중요인물이 되었다. 엘리자베스는 어린 나이에도 장래의 국왕이 될 각오를 다졌다.

일곱 살 때의 엘리자베스 2세. (1937년판)

1937년 5월 12일, 웨스트민스터 사원에서 아버지의 대관식이 거행되었다. 엘리자베스는 여동생과 같은 드레스를 입고 참석했다.

영국 여자 국방군으로 입대

조지 6세는 천성적으로 병약한 데다 말더듬증도 있어 국왕으로서의 중책을 맡을 수 있을지 우려하는 목소리도 있었지만 왕비의 내조를 받으며 국정을 훌륭히 이끌었다. 1939년, 제2차 세계대전이 발발했다. 정부는 왕비와 두 공주를 캐나다로 피신시킬 것을 제안했지만 국왕 부부는 이를 거부했고, 일가는 버킹엄 궁전과 윈저성에서 집무를 이어갔다. 엘리자베스와 마거릿은 세계대전 중에 자선 사업에도 공헌했다. 또 정부의 요청으로 국영 라디오 방송을 통해 고난을 함께 극복하자는 메시지를 전했다.

성인이 된 엘리자베스는 국왕을 대신해 각지를 격려 방문했으며, 1945년 2월에는 여성 왕족은 종군하지 않는다는 관례를 깨고 영국 여자 국방군에 입대한다. 그녀는 명예 제2준대위로서 군용 차량 정비와 탄약 관리 등에 종사하는 한편, 대형 자동차의 면허를 취득해 군용 트럭을 운전하기도 했다. 아버지는 그녀의 성년을 축하하며 코기견 수전을 선물했다. 엘리자베스는 수전의 자손을 14대에 걸쳐 애견으로 곁에 두었다.

필립과의 사랑을 성취

전쟁 중에 엘리자베스는 훗날 남편이 된 다섯 살 연상의 잘생긴 해군 중위 필립(1921~2021)과 사랑을 키웠다. 필립은 그리스 왕국의 왕자와 빅토리아 여왕의 증손녀 사이에서 장남으로 태어났지만 첫 생일을 맞기 직전 쿠데타로 왕족의 지위를 잃는다. 그 후에 외가인 마운트배튼 가문에서 자라 해군사관학교에 입학한다. 1939년 7월, 국왕 일가가 조지 6세의 모교인 왕립 해군사관학교를 방문했을 때 에스코트를 맡은 것이 사관후보생인 필립이었다. 열세 살의 엘리자베스는 테니스 네트를 가볍게 뛰어넘는 그에게 첫눈에 반한다. 전시에는 전장으로 떠난 필립과 편지로 교류했다. 1946년 여름, 필립이 엘리자베스에게 청혼하고 이듬해 약혼을 발표했다. 그는 영국 국교회로 개종하고 그리스와 덴마크 왕자의 지위를 포기하며 영국으로 귀화했다.

1947년 11월 20일, 웨스트민스터 사원에서 결혼식이 거행되었다. 엘리자베스의 웨딩드레스는 200장의 배급표로 구한 실크 원단으로 제작되었다. 약 4m에 달하는 드레스 자락을 드리운 엘리자베스의 행복한 모습은 영국 전역에 보도되었다. 필립은 에든버러 공작 칭호를 받았다.

이듬해 왕위 계승자가 된 장남 찰스 필립 아서 조지가 태어났다. 1950년에는 장녀, 1960년에는 차남, 1964년에는 3남이 태어나 3남

엘리자베스 2세와 필립의 결혼식 특별판.
(The Illustrated London News Royal Wedding Number, 1947년)

1녀를 두었다.

폐암으로 병상에 누운 아버지를 대신해 엘리자베스는 남편과 함께 세계 각지를 방문했다. 1952년 1월 30일, 엘리자베스 부부는 히드로 공항에서 국왕 부부의 배웅을 받으며 동아프리카로 향했다. 2월 6일, 조지 6세가 자던 중 숨을 거두었다. 남편 필립이 부고를 전했다. 케냐에서 귀국한 그녀는 엘리자베스 2세로 민중의 환영을 받았다.

엘리자베스 2세의 빛나는 공적

즉위 1년 후인 1953년 6월 2일 웨스트민스터 사원에서 대관식이 거행되었다. 엘리자베스 2세의 제안으로 드레스에는 영연방 13개국을 상징하는 식물을 수놓았다. 대관식 장면은 식 전후의 퍼레이드까지 포함해 사상 최초로 TV로 중계되어 45개국에 방영되었다. 대관식 후의 오찬회를 위해 고안된, 식힌 닭고기를 부드러운 카레 소스에 버무린 요리는 이후 '대관식 치킨(Coronation Chicken)'으로 불리며 대중의 사랑을 받았다.

즉위 후 엘리자베스 2세는 왕실의 전통적인 스케줄에 따라 생활했다. 크리스마스와 연말연시는 노픽의 샌드링엄 하우스에서 보냈다. 추수감사절 식전인 로열 마운디, 5월의 국회 개회식에 맞춰 버킹엄 궁전으로 돌아왔다. 런던에 있는 동안 주말은 윈저성에서 보냈다. 6월의 가터 훈장 수여식, 로열 에스코트를 마치면 여름에는 에든버러의 홀리루드 하우스 궁전에서 지내고 그 후에는 10월까지 스코틀랜드의 밸모럴성에 미물렀다. 11월의 전몰사 추도 기념일 전에 다시 버킹엄 궁전으로 돌아왔다. 휴가 중에도 여왕의 곁에는 매일 런던에서 보낸 붉은색 트렁크, 통칭 레드 박스에 든 기밀 서류가 도착했다. 여왕은 그 서류들을 매일 확인했기 때문에 엄밀히 말하면 완전한 휴가는 없는 셈이었다.

엘리자베스 2세는 영연방에 가맹된 국가를 방문하고, 타국과의 외교에도 힘썼다. 그녀가 방문한 나라는 11개국에 이르렀다. 자신이 주목받고 있다는 것을 인식한 여왕은 공무를 수행할 때면 사람들이 멀리서도 잘 볼 수 있게 원색 위주의 코트 드레스와 모자를 착용하는 스타일을 만들어냈다. 우산을 써야 할 때는 자신의 모습이 가려지지 않도록 새 둥지 모양의 투명한 우산을 썼다. 우산 가장자리와 손잡이는 드레스의 색상과 통일했다.

공무에 매진하는 동안에도 사생활에서는 곤란한 일이 잇따랐다. 이혼 경력이 있는 군인과 사랑에 빠진 여동생 마거릿은 큰아버지 때와 마찬가지로 정부의 반대에 부딪혔다. 엘리자베스 2세도 반대 입장을 취할 수밖에 없었기 때문에 자매 사이는 험악해졌다. 후에 카메라맨과 결혼하지만 숱한 스캔들을 일으키다 결국 이혼했다. 남편 필립에게도 바람과 혼외자에 관한 소문이 끊이지 않았다. 외교 문제로 번질 수 있는 남편의 실언도 아내이자 여왕인 엘리자베

엘리자베스 2세의 대관식 초상화.
(The Illustrated London News Coronation Number Queen Elizabeth II, 1953년)

스를 노심초사하게 만들었다.

네 자녀의 스캔들도 세상을 떠들썩하게 만들었다. 장녀와 차남의 이혼, 장남 찰스 왕세자와 다이애나의 불륜으로 야기된 이혼극은 그야말로 진흙탕 싸움이었다. 1997년, 다이애나는 파리에서 사고로 세상을 떠났다. 엘리자베스 2세는 밸모럴성에서 다이애나의 부고를 들었다. 그녀는 먼저 손주들을 위로하고 공식적인 성명은 내지 않았다. 그런 엘리자베스의 태도에 대중은 '냉정하다', '감정이 없는 사람'이라며 실망했다. 다이애나를 잃은 국민의 슬픔과 분노는 여왕에 대한 비판으로 번졌다. 군주로서 대중 앞에서 감정을 드러내지 않는다는 원칙을 고수해온 엘리자베스 2세였지만, 자신에 대한 세간의 시선을 냉정하게 판단해 결국 다이애나를 애도하는 이례적인 발표를 하고 그녀의 장례를 국장으로 치르는 데 동의했다.

그 후 그녀는 대중 앞에서도 희로애락의 감정을 표현하게 되었다. 2013년 6월, 왕실에서 주최한 경마 경기 '골드 컵'에서 여왕의 말이 우승했다. 영국 군주가 보유한 말이 우승한 것은 207년의 역사 중 최초였다. 여왕은 손녀를 얼싸안고 뛸 듯이 기뻐했다. 그리고 함박웃음을 지으며 차남이 건넨 트로피를 받았다. 그런 여왕에 대한 국민의 경애심은 더욱 깊어졌다.

2002년, 여동생 마거릿과 어머니 엘리자베스가 잇따라 세상을 떠났다.

용서는 쉽지 않은 법이나. 아버지가 세상을 떠났을 때, 할머니와 어머니는 장례식에 참석한 큰아버지 윈저 공작에게 냉담한 태도를 보였다. 대관식에도 총리를 통해 참석하지 못하게 했다. 하지만 과거의 화근을 그대로 품고 앞으로 나아갈 수는 없다. 1965년, 엘리자베스 2세는 파리에서 런던으로 최신 안과 수술을 받으러 온 윈저공의 병문안을 갔다. 이를 계기로 윈저 공작 부부는 왕실의 공식 행사에 참석하게 된다. 1972년에는 말기 암에 걸린 그를 병문안하기 위해 프랑스로 갔다. 그의 유해는 윈저성의 왕실 영묘에 안치되었다. 2017년, 손자 헨리 왕자(1984~)가 이혼 경력이 있는 미국인 여성과 결혼해 왕실 이탈을 선언하고 미국으로 떠났다. 역사는 되풀이된다. 왕실의 위엄과 개인의 자유. 아들, 손주의 시대는 갈수록 어려운 국면을 맞닥뜨리게 될 것이다.

2017년, 남편 필립 공이 96세로 공무 은퇴를 결정했다. 엘리자베스 2세도 2016년부터 공무 일부를 찰스 왕세자에게 넘겼지만 그 후로도 연간 200건의 공무를 수행했다. 2020년 4월, 전 세계적인 신종 코로나 바이러스 팬데믹 상황에서는 국민을 위로하는 연설을 했다. 1932년부터 시작된 국왕의 크리스마스 연설 이외에 엘리자베스 2세가 임시 연설을 한 것은 즉위 후 68년 동안 다섯 번뿐이었다. 여왕은 최전선에서 애쓰는 의료 관계자들을 격려하는 동시에 "일치단결해 의연히 대응하면 극복할 수 있다"며 국민의 협력을 요청했다. 연설 중 엘리자베스 2세는 제2차 세계대전 때 처음 한 연설에 대해서도 언급했다. 그리고 1940년대, 국민적 응원가가 되었던 가요 가사를 인용해 "더 좋은 날이 온다. 우리는 다시 만날 것이다"라고 호소했다.

　2021년 4월, 남편 필립 공이 99세를 일기로 서거했다. 재위 50주년 골든 주빌리, 재위 60주년의 다이아몬드 주빌리는 남편과 함께 맞았다. 2022년 영국 왕실 최초의 재위 70주년을 기념하는 플래티넘 주빌리에는 남편 없이 홀로 발코니에 섰다.

　2022년 9월 8일, 엘리자베스 2세는 밸모럴성에서 영면했다. 유해는 웨스트민스터 홀에 안치되어 엿새간 25만 명의 국민이 작별을 고했다. 9월 19일, 웨스트민스터 사원에서 국장이 거행되었다. 유해는 윈저성의 국왕 조지 6세 기념 예배당에 양친, 여동생, 남편과 함께 안치되었다. 21세의 다짐을 위해 전신전령(全身全靈)을 다한 엘리자베스 2세의 생애는 전 세계 사람들에게 감동을 주었다.

이야기 22

다이애나 프랜시스 스펜서

Diana Frances Spencer

1961~1997

세계에서 가장 행복한 왕세자비 다이애나

다이애나 프랜시스 스펜서(Diana Frances Spencer)는 1961년 7월 1일 올소프 자작(1924~92)의 셋째 딸로 태어났다. 양친은 사이가 좋지 않았다. 술에 의존하는 아버지에게 지친 어머니는 다른 사람을 만나 다이애나가 여섯 살 때 별거하게 된다. 1969년, 양친은 정식으로 이혼한다.

다이애나는 정서 불안을 보이며, 과식과 구토를 반복하는 섭식 장애를 앓았다. 아홉 살 때 기숙학교에 입학했지만 공부는 잘하지 못했다. 열두 살 때 언니들이 다닌 기숙학교로 전학했다. 이곳에서 그녀는 자원봉사 활동에 관심을 갖게 된다. 교사들은 그녀가 약자들의 마음을 이해하는 특별한 능력이 있다고 평가했다. 열네 살 때 아버지가 제8대 스펜서 백작을 계승하면서 일가는 올소프 저택으로 이사한다.

아버지는 올소프 저택을 상속한 후 얼마 안 가 재혼했다. 다이애나는 스위스의 교양학교에 진학하지만 불과 6주 만에 퇴학당한다. 의붓어머니와도 사이기 좋지 않았던 다이애나는 성년이 되자 할머니의 유산과 사교계 데뷔로 얻은 축하금으로 런던에 맨션을 구입해 학창 시절의 친구들과 함께 살게 된다. 다이애나는 돈을 벌기 위해 두 곳의 직업 알선업체에 등록한다. 부유층 자녀들을 보살피거나 가사 도우미 또는 애견 산책 등의 일을 했다.

그녀가 가장 관심을 갖고 한 일은 유치원 보모였다. 열심히 일하면서 요리학교와 무용교실에도 다녔다. 자신의 삶을 즐기는 다이애나는 점점 빛을 발했다.

새로운 생활을 시작한 지 반년이 지났을 무렵, 다이애나는 언니와 함께 어릴 때 살던 파크 하우스에 인접한 샌드링엄 하우스에서 열린 여름 파티에 참석했다. 그곳에서 언니의 교제 상대인 찰스 왕세자를 소개받는다. 하지만 얼마 후 두 사람은 헤어졌다. 이때부터 찰스 왕세자는 적극적으로 다이애나에게 데이트 신청을 한다. 다이애나는 왕세자로서의 고민을 털어놓는 그에게 공감한다. 1980년 말, 다이애나는 왕세자의 유력한 신붓감 후보로서 대중의 관심을 받는다. 당시 서른 살이 넘은 왕세자는 결혼을 서둘렀다. 1981년 2월, 찰스 왕세자는 다이애나에게 정식으로 청혼하고, 약혼을 발표했다.

그해 7월 29일, 세인트 폴 대성당에서 두 사람의 결혼식이 거행

다이애나 왕비의 초상이 그려진 접시.

되었다. 크고 풍성하게 부풀린 퍼프 슬리브의 웨딩드레스, 8m에 달하는 튈 베일을 쓰고 등장한 다이애나는 그야말로 동화 속 공주였다. 결혼식은 70개국에 방영되었다.

세계에서 가장 행복한 왕세자비 다이애나. 그런 이미지와 달리 다이애나는 신혼 당초부터 여러 가지 일로 고민하게 된다. 결혼 전에 부모의 간섭 없이 자유롭게 살아온 그녀는 왕실의 규율에 쉽게 적응하지 못했다. 스트레스로 생긴 정서 불안 때문에 어릴 때 앓았던 과식증이 재발한다.

결혼식 이후에도 언론의 관심은 사그라들지 않았다. 지나친 사생활 침해에 지칠 대로 지친 다이애나는 공무 동행을 거부하거나 자해 행위를 했으며, 사람들 앞에서 울거나 화를 내는 등의 행동을 보였다. 이런 감정적인 행동은 대중 앞에서 감정을 드러내지 않도록 교육받아온 찰스 왕세자로서는 이해하기 힘든 것이었다. 왕세자는 이런 그녀의 감정 폭발에 어떻게 대처해야 할지 곤혹스러웠다. 끝내 왕실에 적응하지 못하는 다이애나에게 지쳐 교외의 하이그로브 저택에서 지내는 날이 늘어갔다.

남편과 카밀라 섄드의 불륜

1981년, 다이애나는 임신했다. 그녀는 궁전이 아닌 최신 의료설비가 갖춰진 병원에서 장남 윌리엄 아서 필립 루이(1982~)를 출산했다. 육아에 관해서도 왕실의 진통을 깨고 최대한 직접 아이를 돌보기를 희망했다. 그런 그녀의 육아 방침에 찰스도 공감했다. 그래서 비서관들의 반대를 무릅쓰고 공무에 출석하는 시간을 줄이고 육아에 시간을 할애했다. 하지만 여왕의 부군인 아버지로부터 공무를 소홀히 해서는 안 된다는 비판을 듣고 공무를 우선할 수밖에 없었다. 다이애나는 왕세자가 맡은 공무의 중요성을 이해하지 못하고 남편에게 실망한다. 또 차남 헨리 찰스 앨버트 데이비드(1984~)가 태어났을 때 "둘째는 딸이길 바랐다"며 실망한 일로, 남편에 대한 신뢰를 잃었다.

남편과 카밀라 로즈마리 샌드(1947~)의 불륜도 다이애나를 괴롭혔다. 찰스와 카밀라는 1972년 처음 만났다. 카밀라는 왕세자의 폴로 친구였던 앤드루 파커 볼스(1939~)의 연인이었다. 찰스가 바람둥이였던 앤드루에게 휘둘리는 카밀라의 고민을 들어주면서 사랑이 싹텄다. 그는 카밀라와 결혼하길 원했지만 연애 편력이 있는 연상 여성은 왕세자에 걸맞은 상대가 아니라고 판단한 왕실은 찰스를 해군의 임무 수행 목적으로 인도로 파견한다. 그가 귀국했을 때, 카밀라는 이미 앤드루와 결혼한 후였다. 하지만 앤드루가 결혼 후에도 바람을 피우면서 찰스와 카밀라도 다시 만났다.

그 후, 찰스가 다이애나와 결혼하면서 잠시 멀어졌던 두 사람은 왕세자가 하이그로브에서 지내는 시간이 늘면서 다시 가까워졌다. 고독감을 참지 못한 다이애나는 왕실 경호원이자 왕자들의 승마

교관인 근위 기병 장교와 불륜 관계를 맺었다. 1992년, 왕세자와 카밀라 부인의 휴대전화 통화 내용이 대중에 공개되고, 1994년에는 다이애나의 전 연인이 『사랑에 빠진 공주(Princess in Love)』라는 제목의 적나라한 폭로 서적을 출간했다. 두 사람의 부부 관계는 국민들 앞에 적나라하게 드러났다.

1995년, 단독으로 TV 인터뷰에 응한 다이애나는 순탄치 않은 결혼 생활, 자신의 불륜, 이혼을 바라지 않는 심경 등을 털어놓았다. "우리의 결혼 생활에는 늘 세 사람이 있어서 조금 시끄러웠다", "나는 이 나라의 왕비가 아니라 사람들의 마음속의 왕비로 남고 싶다"고 한 말이 대대적으로 보도되었다.

1992년 12월, 왕실은 왕세자 부부가 별거에 들어갔다는 사실을 공식 발표했다. 별거에서 이혼에 이르기까지의 혼란상은 왕실의 지지율에도 큰 타격을 주었다. 다이애나는 엘리자베스 2세에게 중재를 요청했지만 여왕은 왕세자와 다이애나 양쪽에 편지를 보내 빠른 이혼 결단을 촉구했다. 결국 왕세자 측에서 이혼 조건을 양보했다. 거액의 위자료를 일괄 지불하고 다이애나가 켄싱턴 궁전에 계속 거주하는 것, 또 다이애나의 세인트 제임스 궁전 집무실 유지비를 왕세자가 부담하고 두 왕자의 양육권은 부부가 평등하게 갖는다는 조건으로 1996년 8월 결혼 생활이 막을 내렸다. 한 해 앞서 카밀라도 앤드루와 이혼했다.

열정적인 자선 활동

이혼 이후 노동당 정권이 발족하자 다이애나는 국회의 지지를 얻어 명예직 그리고 후원자로서 국가의 공식 행사에 이름을 올리거나 자선 활동의 광고탑 역할을 맡는 등 점차 결혼 전의 자신의 모습을 되찾았다.

1987년, 다이애나는 영국 최초의 에이즈 병동을 연 병원을 방문해 장갑도 끼지 않고 HIV(인간면역결핍바이러스) 양성 환자와 악수를 해 '에이즈는 접촉만 해도 감염된다'는 사람들의 편견을 바꾸는 계기를 만들었다. 또 지뢰 문제에도 관심을 갖고 TV 취재팀과 함께 내전의 영향으로 지뢰가 많은 앙골라를 방문했다. 막 지뢰를 철거한 공터를 걷고, 지뢰 사고로 다리를 잃은 아이들을 자신의 무릎에 앉히는 등 자애로운 태도로 사람들을 만났다. 과식증을 앓았던 경험에서 마약과 알코올 중독자에 대한 지원에도 힘을 쏟았다.

비극적인 사고사

자선 활동으로 평가를 받는 한편, 가십지를 장식하는 다이애나의 남녀 관계를 둘러싼 스캔들도 끊이지 않았다. 장래 영국 국왕의 어머니인 그녀의 연애는 이혼 후에도 여전히 대중의 주목을 끌었

다이애나의 패션을 테마로 만든 인형.

다. 그녀가 이슬람교도인 파키스탄인 의사와 교제하지 언론은 이를 거세게 비판했다. 런던 해러즈백화점 오너의 아들 도디 알 파예드(1955~97)와의 화려한 교제도 언론의 좋은 먹잇감이었다.

1997년 8월 31일 깊은 밤, 다이애나와 도디를 태운 승용차가 프랑스 파리에서 파파라치에게 쫓기다 터널 안 중앙 분리대에 정면 충돌한다. 도디는 그 자리에서 사망하고, 다이애나는 중상을 입고 병원으로 이송된다. 하지만 끝내 의식을 되찾지 못하고 오전 4시경 정식 사망 선고가 내려졌다.

사고가 있던 시각, 왕세자는 엘리자베스 여왕과 자녀들이 함께 머물던 밸모럴성에서 자고 있었다고 한다. 엘리자베스 2세는 유해를 거두는 것에 난색을 표했지만 왕세자는 다이애나의 두 언니와 함께 왕실 전용기를 타고 파리로 가 다이애나의 유해를 세인트 제임스 궁전으로 옮겼다. 9월 6일, 다이애나를 위한 준(準) 국장 '왕실 국민장'이 거행되었다. 여왕은 버킹엄 궁전 앞에 나와 다이애나를 배웅하고 머리를 숙여 조의를 표했다.

장례식을 마친 다이애나의 관은 남동생에 의해 올소프로 이송되어 호수 안에 떠 있는 작은 섬에 안치되었다. 유골의 도난을 막기 위해 정확한 장소는 일절 공개되지 않고 묘비도 세우지 않았다. 다이애나의 파란만장한 인생은 많은 대중의 마음을 사로잡았다. 그녀가 사랑한 두 아들은 모두 왕족이 아닌 일반인 여성과 연애결혼을 했다. 과연 그들 앞에는 어떤 인생이 펼쳐질까.

왕실 기념품

　다이애나가 세상을 떠난 후, 찰스는 아들들에게서 신뢰를 회복하기 위해 노력했다. 카밀라와의 교제는 계속되었지만 1999년까지는 공식적인 자리에 모습을 드러내는 것을 피했다. 찰스의 할머니 엘리자베스 왕대비는 "내가 신의 부름을 받기 전에 카밀라와 찰스가 결혼하는 일은 없을 것"이라고 단언했다. 그런 그녀도 2002년 3월 세상을 떠났다. 2005년 4월 9일, 두 사람은 결혼했다. 카밀라는 다이애나를 배려해 웨일스 공비라는 칭호를 사용하지 않았다.

　2022년 2월, 엘리자베스 2세는 즉위 70주년을 기념하는 플래티넘 주빌리에서 "아들 찰스가 왕이 되면…"이라고 운을 떼며 "그때는 카밀라가 국가에 충실히 봉사할 수 있도록 왕비로 불리기를 바란다"고 말했다. 찰스 3세와 카밀라 왕비는 어떤 역사를 써가게 될까.

참고 문헌

- 『영국 왕비 이야기(英国王妃物語)』모리 마모루 저, 가와데쇼보신샤, 1994
- 『영국 왕실사화 상(英国王室史話 上)』모리 마모루 저, 주오코론신샤, 2000
- 『영국 왕실사화 하(英国王室史話 下)』모리 마모루 저, 주오코론신샤, 2000
- 『도설 영국의 왕실(図説 イギリスの王室)』이시이 미키코 저, 가와데쇼보신샤, 2010
- 『초상화로 읽는 영국 왕실 이야기(肖像画で読み解く イギリス王室の物語)』기미즈카 나오타카 저, 고분샤, 2010
- 『명화로 읽는 프로이센 왕가의 12가지 이야기(名画で読み解く プロイセン王家12の物語)』나카노 교코 저, 고분샤, 2021
- 『영국 왕실 1,000년의 역사 개정판(イギリス王室1,000年の歴史 新装版)』사시 아키히로 감수, 간젠, 2021
- 『잔혹한 왕과 비운의 왕비 2(残酷な王と悲しみの王妃 2)』나카노 교코 저, 슈에이샤, 2015
- 『이국으로 시집간 공주들: 유럽 왕실 이면의 역사(異国へ嫁した姫君たち: ヨ-ロッパ王室裏面史)』마리 크리스티나 저, 이토나가 미쓰코 역, 지지통신사, 1989
- 『나쁜 공주 이야기: 동화처럼 사랑스럽지 않은 24명의 악녀의 진실(悪いお姫様の物語: おとぎ話のように甘くない24人の悪女の真実)』린다 로드리게즈 맥로비 저, 오가와 구미코 역, 하라쇼보, 2015
- 『캐롤라인 왕비 사건: 〈학대당한 영국 왕비〉의 생애를 다시 보다(キャロライン王妃事件: 〈虐げられたイギリス王妃〉の生涯をとらえ直す)』고가 히데오 저, 진분쇼인, 2006
- 『빅토리아 여왕: 대영제국의 '투쟁하는 여왕'(ヴィクトリア女王: 大英帝国の"戦う女王")』기미즈카 나오타카 저, 주오코론신샤, 2007
- 『엘리자베스 여왕-사상 최장·최강의 영국 군주(エリザベス女王-史上最長·最強のイギリス君主)』기미즈카 나오타카 저, 주오코론신샤, 2020
- 『별책 역사독본 프린세스 다이애나와 영국 왕실 이야기(別冊歴史読本 プリンセス·ダイアナと英国王室物語)』신진부쓰오라이샤, 2004
- 『큐 가든 영국 왕실이 사랑한 꽃 샬롯 왕비와 보태니컬 아트(キューガーデン 英国王室が愛した花々 シャーロット王妃とボタニカルアート)』카탈로그제작위원회, 2021
- 『꿈의 영국 왕실 궁전 탐방(夢の英王室宮殿巡り)』야마나카 기미히토 저, 야마나카 인터내셔널, 1998

- 『A Queen on Trial: The Affair of Queen Caroline』 E. A. Smith, The History Press, 2016
- 『Enlightened Princesses: Caroline, Augusta, Charlotte, and the Shaping of the Modern World(Icons of the Luso-Hispanic World)』 Joanna Marschner(편집), David Bindman(편집), Lisa L. Ford(편집), Yale University Press, 2017
- 『Charlotte&Leopold: The True Story of the Original People's Princess』 James Chambers, Old Street Publishing, 2008
- 『Discover Kensington Palace』 Historic Royal Palaces, 2012
- 『Kew Palace: The Official Illustrated History』 Susanne Groom, Lee Prosser, Merrell, 2006
- 『George VI and Elizabeth: The Marriage That Saved the Monarchy』 Sally Bedell Smith, Random House, 2023
- 『Catherine of Braganza: Charles II's Restoration Queen』 Sarah-beth Watkins, Chronos Books, 2017
- 『Hannover: Kleine Stadtgeschichte』 Waldemar Roehrbein, Pustet, Friedrich GmbH, 2015
- 『Hampton court Palace: The Official Illustrated History』 Lucy Worsley, David Souden, Merrell, 2005
- 『King George II and Queen Caroline』 Jogn Van der Kiste, Sutton Pub, 1998
- 『The Queen 70 Glorious Years: The Official Platinum Jubilee Souvenir』 Royal Collection, Trust, 2002
- 『The Young Victoria』 Deirdre Murphy, Yale University Press, 2019
- 『Queen Adelaide: Queen Victoria's Aunt』 C. L. Sharman, C. L. Sharman Publishing, 2016
- 『Queen Alexandra: Loyalty and Love』 Frances Diamond, History and Heritage Publishing, 2022
- 『Queen Mary』 James Pope-Hennessy, Hodder&Stoughton, 2020
- 『Queen Mary of Modena: her Life and Letters』 Martin Haile, Legare Street Press, 2022
- 『Queen Victoria's Buckingham Palace』 Amanda Foreman, Lucy Peter, Royal Collection Truse, 2019
- 『William and Mary: Heroes of the Glorious Revolution』 John Van der Kiste, The History Press, 2008

영국의 여왕과 공주

초판 1쇄 인쇄 2024년 8월 10일
초판 1쇄 발행 2024년 8월 15일

저자 : Cha Tea 홍차 교실
번역 : 김효진

펴낸이 : 이동섭
편집 : 이민규
디자인 : 조세연
영업 · 마케팅 : 송정환, 조정훈, 김려홍
e-BOOK : 홍인표, 최정수, 서찬웅, 김은혜, 정희철, 김유빈, 서유림
관리 : 이윤미

㈜에이케이커뮤니케이션즈
등록 1996년 7월 9일(제302-1996-00026호)
주소 : 08513 서울특별시 금천구 디지털로 178, B동 1805호
TEL : 02-702-7963~5 FAX : 0303-3440-2024
http://www.amusementkorea.co.kr

ISBN 979-11-274-7857-5 03920

ZUSETSU EIKOKU QUEEN TO PRINCESS
© CHA TEA KOUCHA KYOUSHITSU 2023
Originally published in Japan in 2023 by KAWADE SHOBO SHINSHA Ltd. Publishers, TOKYO,
Korean translation rights arranged with KAWADE SHOBO SHINSHA Ltd. Publishers, TOKYO,
through TOHAN CORPORATION, TOKYO.

창작을 위한 자료집

AK 트리비아 시리즈

-AK TRIVIA BOOK

환상 네이밍 사전
  신키겐샤 편집부 지음 | 유진원 옮김
  의미 있는 네이밍을 위한 1만3,000개 이상의 단어

중2병 대사전
  노무라 마사타카 지음 | 이재경 옮김
  중2병의 의미와 기원 등, 102개의 항목 해설

크툴루 신화 대사전
  고토 카츠 외 1인 지음 | 곽형준 옮김
  대중 문화 속에 자리 잡은 크툴루 신화의 다양한 요소

문양박물관
  H. 돌메치 지음 | 이지은 옮김
  세계 각지의 아름다운 문양과 장식의 정수

고대 로마군 무기·방어구·전술 대전
  노무라 마사타카 외 3인 지음 | 기미정 옮김
  위대한 정복자, 고대 로마군의 모든 것

도감 무기 갑옷 투구
  이치카와 사다하루 외 3인 지음 | 남지연 옮김
  무기의 기원과 발전을 파헤친 궁극의 군장도감

중세 유럽의 무술, 속 중세 유럽의 무술
  오사다 류타 지음 | 남유리 옮김
  중세 유럽~르네상스 시대에 활약했던 검술과 격투술

최신 군용 총기 사전
  토코이 마사미 지음 | 오광웅 옮김
  세계 각국의 현용 군용 총기를 총망라

초패미컴, 초초패미컴
  타네 키요시 외 2인 지음 | 문성호 외 1인 옮김
  100여 개의 작품에 대한 리뷰를 담은 영구 소장판

초쿠소게 1,2
  타네 키요시 외 2인 지음 | 문성호 옮김
  망작 게임들의 숨겨진 매력을 재조명

초에로게, 초에로게 하드코어
  타네 키요시 외 2인 지음 | 이은수 옮김
  엄격한 심사(?!)를 통해 선정된 '명작 에로게'

세계의 전투식량을 먹어보다
  키쿠즈키 토시유키 지음 | 오광웅 옮김
  전투식량에 관련된 궁금증을 한 권으로 해결

세계장식도 1, 2
  오귀스트 라시네 지음 | 이지은 옮김
  공예 미술계 불후의 명작을 농축한 한 권

서양 건축의 역사
  사토 다쓰키 지음 | 조민경 옮김
  서양 건축의 다양한 양식들을 알기 쉽게 해설

세계의 건축
  코우다 미노루 외 1인 지음 | 조민경 옮김
  세밀한 선화로 표현한 고품격 건축 일러스트 자료집

지중해가 낳은 천재 건축가
  -안토니오 가우디
  이리에 마사유키 지음 | 김진아 옮김
  천재 건축가 가우디의 인생, 그리고 작품

민족의상 1,2
  오귀스트 라시네 지음 | 이지은 옮김
  시대가 흘렀음에도 화려하고 기품 있는 색감

중세 유럽의 복장
  오귀스트 라시네 지음 | 이지은 옮김
  특색과 문화가 담긴 고품격 유럽 민족의상 자료집